きものが欲しい！

群 ようこ

角川文庫 14135

きものが欲しい！　目次

第一章　なぜ？　きもの　七

第二章　やっぱりきもの

第一章　なぜ？　きもの

私は子供のときに、こっそりタンスの引き出しを開けて、母親の着物を見るのが大好きだった。特別、衣裳《いしよう》持ちだったわけでもないし、ごくごく普通の品物を嫁入りのときに持ってきたのだろうが、着物の入っている引き出しは、まるでそこだけお姫様の引き出しのように思えた。当時私のなりたいものといったら、「琴姫七変化《ことひめしちへんげ》」の琴姫様だったので、母親の着物を羽織ると、それがまるでお姫様の裾《すそ》をひいた着物のように見え、ずるずると家の中を歩きまわっては怒られた。子供の着物は着丈《きたけ》に合わせてすでに腰揚《こしあ》げが縫われていたから、いくら七五三の着物であっても、裾をひくゴージャス度にはかなわなかった。そしてその七五三の着物も帯も、ずっと私の手元にあったわけではなく、親戚《しんせき》の女の子の間をぐるぐるとまわって、無駄なく活用されたのであった。

母親は時折、家で着物を着ていた。だいたいがウールで、銘仙《めいせん》を着ていることもあったが、のちにそれは布団がわに縫い直され、日常着はだんだんウール一辺倒になっていった。私が自分の意思で着物を買ったのは、高校生のときだったが、それまでは七五三の着物以外は、母親のお下がりのウールしか持っていなかった。小学校の高学年から中学生にかけては、お正月に気が向くとウールの着物を着ていたりした。そのときから私は、いわゆる晴れ着にはまったく興味がなかった。地色がピンクや淡いきれいな色の着物は、同じ着物であっても、触ろうとすら思わなかった。

小学校の高学年のときに着ていたのは、黒地にブルー、赤、黄の五センチ角くらいの格子柄だった。それに臙脂《えんじ》と黄色の腹合《はらあ》わせ（表と裏とをちがった布で縫い合わせた女帯）の半幅《はんはば》帯を締めていたような気がする。着物用の毛足の長いモヘアのトッパーコートを着て友達と近所の神社に初詣《はつもう》でに行こうと待ち合わせの場所まで出かけたら、なんと彼女はピンク色の鮮やかな晴れ着と白いショールをして立っていた。彼女はクラスでいちばん足が速く、男の子とも平気で喧嘩《けんか》をするような女の子だったので、私はそんな着物を着ていることにびっくりした。あまりに彼女のイメージとかけはなれていたこともあるし、二人の趣味があまりに違っていたからだった。彼女は気にしていないようだったが、私は雑談をしながら、腹の中で、

（絶対、私たちってバランスが悪いよな）

と思った。ちょっと見はお嬢さまとつきそいのねえやといった感じだった。私は格子柄のウールの着物が好きだったので、彼女が着ている着物に関してうらやましいとは思わなかったが、ふだん活発な彼女がその着物を着てきたことに、子供心に、

「？」

と考えてしまったのだった。

中学生になると家庭科の授業で浴衣《ゆかた》を縫わされた。パジャマか浴衣か先生が選ぶようになっていたらしいが、洒落《しゃれ》イヤミというあだ名の先生は、

「やっぱり浴衣の一枚くらいは縫えないとねーっ」

と甲高い声を発して、我々は浴衣を縫う羽目になったのである。手先のことは好きなので、私はパジャマでも浴衣でもどっちでもよかったのだが、大方の女の子には不評だった。

「浴衣なんか着るときがない」

「ばばくさい」

「興味がない」

「柄が地味で縫っていても楽しくない」

しかし陰でぶつぶつ言っていても、当時の中学生は生徒が先生に面と向かって文句を言うことなどできず、ましてや洒落イヤミはヒステリー性格で、気にくわないことがあると大声でわめき散らすので、生徒たちは表面上ははいはいと従っていたのだ。かといって自分たちの不満が収まるわけでもなく、家庭科の授業のときは私の周囲でぶつぶつが蔓延《まんえん》していた。まず運針の練習から始まるのだが、練習用の布の端から端まで縫うと先生にチェックしてもらい、

「よろしい」

と言われると、反物《たんもの》を裁っていいことになっていた。しかし誰もが上手にできるわけも

なく、うまくいかない子は何度もやり直しを命ぜられて、途方にくれていた。そして多くの子は宿題といわれた運針を、ちゃっかりと母親や姉にやってもらっていた。いちおうみんな、反物を裁つことを許され、ちくちくと縫っていると、先生がある一人の子の前で声を上げた。

「あなた、これを着るの？」

クラスにその筋の人の娘がいて、父親のために浴衣を縫っていた。他の子が白地に花柄の反物なのに、一人だけものすごく大きな四角がつながっている浴衣を縫っている。その柄はどうみても、男物とはいえ自分の父親や近所のおじさんが着ているような柄とは違っていた。

「私のじゃなくて、お父さんのです」

それを聞いた洒落イヤミは、

「でも授業では自分のを縫うことになっているから、自分のを縫ったあとに、お父さんに縫ってあげなさい」

と言った。私たちはちくちくと針を動かしながら、いったいどうなることかと様子をうかがっていると、彼女は、

「いやです！」

と言い放った。あまりにきっぱり言いきられた洒落イヤミは、ぐっと言葉に詰まった。

「いやって言ったって、あなた……」

家庭科教室の隅のほうで、くすくすと笑う声が聞こえてきた。

「ね、これはこれでやめにして、あなた、来週、自分のための反物を買ってらっしゃい」

いくら言っても彼女は手を止めず、無視しつづけた。洒落イヤミは、

「お父さんが着るって言ったって、この柄、派手すぎないかしら」

といつまでも文句を言っていたが、そのうちあきらめたようだった。そして彼女の父親に関しての情報が入ったのか、その次の授業のときからは、何も言わなくなり、できあったときは、

「まー、よくできたこと」

と褒《ほ》めていた。家庭科が苦手な子は、このときもちゃっかり、お母さん、おばあちゃん、お姉さんに縫ってもらったりしていたが、私は何とか自力で最初から最後まで仕上げた。しかし和裁などやったこともない中学生が縫ったものが、和裁経験のある大人の縫ったものよりよくできているわけがない。縫い上がったときに何人かで記念写真を撮るのだが、自分で縫った私の浴衣は、仕立て上がりだというのに、よれよれになっていた。他の子が着ていたのはぱりっとしている。

（みんな大人に縫ってもらってずるい）

私は正しいことをしているはずなのに、並んでみるとなかでいちばん見劣りする。もち

ろん笑い顔など出るわけがない。できあがった写真を見たら、まるで私は相撲の新弟子のようだった。その写真はすぐに捨てた。

私の「お地味」着物デビュー

中学生のときにむかつく経験はしたが、高校生になってもやはり着物は好きだった。ウールの黒地の格子柄にも飽きてきて、母親が友人からもらった黒地に臙脂の矢羽根柄（矢《や》絣《がすり》）のウールの着物を狙っていたが、それは譲ってもらえなかった。

「ねえ、何かさあ、着ない着物はないの」

と言う私に、母親は、

「そんなに言うんだったら、自分のを買ったら？」

と言い、貯めたアルバイト代を手に懇意にしていた呉服店に行くことになったのであった。

店の人がすすめるもののどれも私は気に入らなかった。

「お嬢さんですから」

と言って、ピンク色やクリーム色やら、かわいい系のものばかりをすすめる。当時私は体重が六十キロ近くあったから、

（そんな色柄の着物を着たら、まるで姫だるまじゃないか）

と思いながら、むすっとしていた。

「こういうのじゃなくて、紬《つむぎ》の着物が欲しいんですけど」

「はあ、紬ですか……。紬はお地味では……」

店の人はもごもごと口ごもりながら、それでも積んである山の中から何反か反物を持ってきてくれた。

「これはいかがです？　これでしたらよろしいのでは」

次々広げられる織りの反物もどれも気に入らなかった。たしかに紬ではあるが、緑色や濃紺の地に赤い花が織り出されていて、私の趣味にまったく合わない。

「手にとって見られるのと、当ててみられるのとでは感じが違いますから、どうぞ鏡の前でご覧になってくださ い」

私は言われるまま、反物を肩から下げてみたが、どうも赤やピンクの柄が気にくわない。

いくら店の人に、

「お似合いです」

と言われても、着たいと思わなかった。

「赤やピンクの柄があるのはきらいなんです」

そう言うと店の人は、

「でもそれではお地味では……」

と悲しげな顔をした。大嫌いな赤やピンクに加えて花柄。若いお嬢さん向きのピンク地に花柄の着物なんて、私の趣味からいえば絶対にタンスの中に入れたくないもののひとつだった。でも店の人はそれがいいとすすめる。どう見たって似合わないし着たくない。

赤やピンクの柄がないものと言ったものだから、別のをみつくろって持ってきてくれたが、それを当ててみるとものすごく野暮ったくなったり、ババくさくなったりした。

「うーん」

店の人は当惑しきっているようだった。あれこれ言うのも悪いなと思った私は、

「それではちょっと」

と断わって、反物が積んである場所に行って、勝手に物色しはじめた。あれこれ見ているうちに、気に入った反物が出てきた。濃紺の地にブルーの濃淡で花柄が織り出してある十日町紬《とおかまちつむぎ》だった。花柄でも赤やピンクなど他の色が入っていないところがすっきりしている。

「これがいい」

母親に見せると、

「ああ、これはいいわねえ」

と気に入った様子だった。店の人は、

「でも……、お地味ではないでしょうか……」

と遠慮がちに「お地味」を繰り返した。

「いいんですよ。当人が気に入ったんですから」

私は母親の横で、反物《たんもの》を広げて眺めていた。お小遣いを貯めて買ったはじめての自分の着物だった。高校生のときの私は、毎日、ジーンズをはいて過ごしていた。だからブルー系の色は自分にとって違和感のないなじみのある色だった。店の人は、この着物は晴れ着ではないということを何度も念を押したが、晴れ着にまったく関心がない私は、

「はい、それでいいんです」

と言い続けた。私が気に入った反物は、店の人から見たら、どうしても「お地味」だったらしく、

「裾回《すそまわ》しは赤に」

と言ったのを、私と母親が頑強に、

「野暮ったくなるから、同系色にしてください」

とつっぱねた。すべてを拒否された店の人は、半泣きになって、

「それでは袖《そで》の丸みだけでも、すこし丸くして……」

と訴えてきたので、このくらいは譲らないと悪いかなと、

「そうしてください」

とお願いした。

店の人は見合う帯をと持ってきてくれたが、どれもまた気に入らなかった。かわいい系かババくさいか。ちょうど気持ちにぴったりくるものがない。

「じゃあ、着物だけください」

たしか母親が若いころに作った、辛子色の地に濃紺、緑、オレンジがとんでいる付け帯があったはずなので、着るときはあれを借りればいい。

無事、着物は仕立て上がってきたものの、家では着たが、外へはほとんど着ていかなかった。というのも当時、世の中にはブティックとよばれる店があふれだし、若い娘としては、関心が洋服のほうにひきつけられたからだった。いくら着物が好きでも、通学に着ていけるわけではない。あんなにすったもんだして買った紬だったのに、タンスの中に入れられたままで、私は毎号、『アンアン』に掲載される、モデルが着ているデザイナーズブランドの服を見ながら、よだれを垂らさんばかりにしていたのだった。

ロンドンブーツより、いつかはのんびり着物を……

それから母親は、私のために着物を誂《あつら》えてくれるようになった。どうやら着物に関しては、自分と同じ趣味だとわかったらしい。

「ほら、できてきたよ」

と次に見せられたのは、明るい紺地に四君子《しくんし》柄（蘭、菊、梅、竹をあしらった文様）の付下《つけさ》げと、銀地の天井柄（正方形の格子柄の中に絵柄を入れたもの。神社仏閣の天井絵を文様として取り入れた）の帯だった。最初に買ったのが普段着だったので、いちおう礼装用もないとと思ったようだ。銀座《ぎんざ》の老舗《しにせ》で買った、佐賀錦《さがにしき》のバッグと草履《ぞうり》のセットまで揃えてくれていた。気に入らないことはなかったが、やっぱり興味がもてない。

「ちょっと着てみたら」

畳紙《たとうがみ》（和服の収納袋。和紙でできている）を広げて、ぼーっと見ているだけの私に向かって母親は言った。しぶしぶ羽織ってみると、彼女は、

「あらー、いいじゃないの」

と喜びながら、勝手に帯まで結んで着付けをはじめた。

「もう一枚、迷ったのがあったんだけど、こっちの着物にしてよかったわ。少しでもすっきり見えるように、帯は矢の字（立て矢）に結べばいいわね」

鏡の中の私を見ながら、母親はとても満足そうだったが、私には自分の姿が、老けた市松人形にしか見えなかった。

大学生のときに母親が作ってくれたのは、縮緬《ちりめん》地の更紗《さらさ》柄の小紋《こもん》だった。そのときには体重も四十七、八キロに減っていたので、姫だるまからは少し遠ざかることができた。草

木染めのこの着物は私もとても気に入ったが、帯にいいものがなく、着物だけになったという。そしてその後は、両親が離婚したために、母親も着物どころではなくなった。

「帯は自分で買ってちょうだい」

母親にそう言われたけれども、すぐに着るわけでもないので、私は、

「はいはい」

と気楽に構えていた。

付下げは友達の結婚式用にと母親が準備してくれたものだが、私は一度も着たことがなかった。結婚式はいくつかあったが、六月で袷《あわせ》の着物が着られなかったり、電車で二時間以上もかかる場所で式がおこなわれたりして、面倒くさかったのがいちばんの理由だった。やはりすぽっと着られるワンピースは都合がよかった。招待されるたびに母親は、

「着物、着ていくの？」

と目を輝かせたが、日取りや場所を聞くと、「それじゃあ、ちょっとねえ……」

と残念そうにしていた。着物は好きだが、いざ着ようとすると腰がひける。招待された友達のなかで着物を着てくる人もいたが、髪の毛をまとめるのと着付けのために朝早くから美容院を予約したという話を聞くと、面倒くさがりの私は、

（そんな思いをするのなら、べつに洋服でもいいや）

と思った。年頃が年頃なので、友達の結婚式をある意味、集団見合いの場だと考えてい

る親子だと、遠方だろうが何だろうが、美容院を予約して、気合いを入れてここぞと晴れ姿を見せるのだろうが、うちは母親もその気がなく、私もその気がないので、すべて面倒くさいで片づけられた。私の着たい着物は、紬であって礼装用のひらひらしたきれいな着物ではない。べつに付下げが着られなくても、どうということはなかったのである。

学校を卒業して広告代理店に就職すると、あまりに忙しくて、何もできなかった。家に帰って寝るだけだった。仕事で会社の外に出たついでに書店に寄り、読みたい本を買ってくる。毎日、帰るのが深夜のため、そうしないと書店が開いていないものだから、本を買えないのだ。そのなかに着物の本も含まれていた。日曜日、昼過ぎにのそーっと起きてきて、着物の本をめくっているのは至福の時間だった。眺めているとほっとした。ファッション誌も見てはいたが、会社でも、

「流行は何だ、次は何が売れそうか」

などと上司や先輩はいつも気にしていた。雑誌も次から次へと流行《はやり》ものを繰り出してくる。会社でも、雑誌を見ても、目がぐるぐると回ってきた。高校生のときは流行は絶対に無視できず、似合う似合わないに関係なく、ミニスカートが流行すればぶっとい足を丸出しにしてそれをはき、長いスカートが流行ればひきずりそうなのをはいていた。ロンドンブーツが流行ればすぐに買い、履いてみたら三歩も歩けなくてすぐに下駄箱の隅に追いやられた。世の中に心そそられる洋服が増えれば増えるほど、毎年、毎年、流行に追われた。

最初はそれに乗り遅れまいとしたが、そのうちに金も気力も続かなくなり、そのうちうんざりするようになった。

「どうして流行に乗らなくちゃならないんだ」

と考えるうちに、

「もう、ほっといてくれ」

と叫びたくなった。そんなとき着物の雑誌を見るとほっとした。洋服みたいに、スカート丈がどうの、ジャケットのウエストが絞られてるの絞られてないの、衿《えり》の形がどうのこうのという、デザインの変化は一切ない。見ていると安心できるのだ。

（いつかは着物を着て、のんびり暮らしたい）

これが私の願いであった。

黄八丈買えども帯はなし

その願いとは裏腹に、二十三歳から二十四歳の間、私は転職をし続け、何とか六社目の零細出版社で腰が落ち着いた。このときに一人暮らしもはじめた。もちろん着物を買うどころではなく、手にすることもほとんどなかった。最初は会社も先行きがわからず、給料などほとんどない状態だったから、とても余裕がない。そのうち出版物も売れてきて、決まった額の給料をもらえるようになり、ボーナスももらえるようになった。家を出て一人暮らしをするようになって、またむくむくと着物への興味が頭をもたげてきたのである。そこでまた母親が呉服店へ行くというので、くっついて行った。一人暮らしをはじめてから、母親と会うのは呉服店でというのがいちばん多かった。彼女は、

「今日は紋《もん》付きを誂える」

と張り切っていて、自分は東京友禅《とうきょうゆうぜん》の黒留袖《くろとめそで》、私のためには色無地《いろむじ》の紋付きと、袷と夏用の喪服と、きっちり計画していた。

「そんなの、着るときなんてあるの？」

と聞く私に、彼女は、

「これは必要なものなの」

と言いきる。

「はあはあ」

と聞いていたが、喪服はともかく、正直いって紋付きなんていつ着るのか見当すらつかない。いつ着るのか見当もつかないものを誂えていいのだろうか。すぐに必要なものから買うのではないのか。着物の本によると、色無地の紋付きは一枚目として必要な着物で、お茶などを習っている人には必要不可欠らしいが、私はそんな素養など何もないのだ。

店に行ってもついつい目は紬《つむぎ》の反物《たんもの》のほうにいってしまうのだが、

「ちょっと、こっちにいらっしゃい」

と母親に手招きされ、

「どの色がいいか、見てごらん」

と言われた。白生地を染めて紋を白く抜くので、地色《じいろ》を決めなくてはならない。

「一枚ありますと、何かのときに安心してお召しになれます。以前おつくりいただいた付下げは三十歳を過ぎられると少し派手ではないかと思いますが、こちらですと、色にもよりますが、七十代過ぎてもお召しになれます。染め替えもできますし。お茶などのお稽古《けいこ》事《ごと》をはじめられるときも、一枚ありますと重宝しますよ」

店の人が言うとおり、着物の本にもそう書いてあった。しかし私はお茶のお稽古をする予定もないし、すでに結婚する予定の友達はみな結婚していて、披露宴に招《よ》ばれる予定もない。それでも母親も店の人も、

「紋付きはお道具のひとつ」

などと言って、熱心に色を選んでいた。見れば見るほどどれがいいのかわからない。

「まかせる」

私はすべてを母親に委託した。

「あら、そうなの。困ったわねえ」

そう言いながらも彼女はうれしそうに、何色か色を選び、その中から柿色《かきいろ》を選んだ。

「これでしたら、天井柄の銀地の帯もおつかいいただけますね」

「あらー、ほんと、よかった、よかった」

母親は喜んでいたが、すでに私の頭の中からは、銀地の天井柄の帯は消え失せていて、二人の会話を聞きながら、

(そういえば、そんな帯もあったか)

と思い出していた。そしてふと横を見たら笹蔓間道《ささづるかんとう》(竹の花と笹の細蔓に実を織り出した吉祥文様《きっしょうもんよう》に、彩色豊かな間道を重ねた名物裂《めいぶつぎれ》文様)の帯があった。

「これは色無地に合いますよね」

店の人にたずねると、すかさず、

「はあ、もちろん。着物一枚に帯三本といいますから、いろいろな帯があったほうが」

とうなずいた。離婚後、調理師として働いている母親に何もかもさせるのは、ちょっと気が引けた私は、その笹蔓間道の帯は自分で買うことにした。たしか五万円で、当時の私の半月分の給料と同じだった。

着物を買うのは楽しいことだが、それをすぐに着るわけではない。とくにああいう紋付きなどはそうだ。しかし母親は、

「昔は嫁入りのときに、紋付きを持たせたものなの。すぐ着るとか着ないとかじゃなく、着物として必要なものなの」

と言う。確かに着物は洋服と違って、ないからといって、店に行ってすぐに買えるものではない。私はそんなもんかと思いながら、着物はそのままずっと実家に置いていた。一人の部屋で誰にも邪魔されずに、本を読んだり着物の雑誌を見るのは至福の時間だった。古書店で古い着物の雑誌を買って、時代遅れのヘアメイクに驚きながらも、

「この着物もいい、あの帯も」

とモデルの顔を自分の顔に置き換えて想像した。何度着物の雑誌のページをめくっても、やはり私は柔らかものより紬のほうが好きだった。とくに大島《おおしま》と黄八丈《きはちじょう》が欲しかった。大島のなかには、どっひゃーというような柄で、めちゃくちゃ高いものもあったが、シンプルな柄のものはとてもかっこよかったからである。

「これだったら着たい」

私の頭の中は大島と黄八丈でいっぱいだった。幸い、勤めている会社も順調で、私も二十八歳になり、貯金も増えていった。何とか買えそうだとなったとき、また呉服店に行った。母親にちょっと話したら、一緒に行くという。店で大島と黄八丈を見せてもらったが、大島はこうるさい柄ばかりで、気に入ったものはなかった。

「黄八丈はこちらです」

見せられたのは、金茶の地に黒と赤で三センチおきに縞《しま》が入った江戸の町娘ふうの柄だった。

「すっきりしていてよろしいんじゃないでしょうか」

そう店の人は言ったが、私は、「これだ」とは思えなかった。

「うーん」

と考えていると、

「このようなものもあるにはあるんですが……」

と桐箱が出てきた。中を見たとたん、

「もう、これしかない」

と私の目はひきつけられてしまった。それは今まで見たことがない反物だった。張りがあるのにしなやかで、とにかく布として美しい。

「素敵ですねえ。これならいいです」

「こちらは山下《やました》八百子《やおこ》さんの作品です」

店の人は淡々と言った。着物の雑誌でお名前は存じあげていた。もう片方の黄八丈と比べると、値段は雲泥の差だった。単品だけで見ると江戸の町娘も悪くはないのだが、比べるとやはり見劣りする。

「全然、違いますよね」

私はため息をついた。

「はあ、それはもう……」

二本の反物を前に私は悩んだ。片方は二十八万。そして桐箱入りは百三十万。それは私の貯金額とぴったり同じだった。でも私はどうしてもその黄八丈が欲しかった。山下八百子さんの作品ではなくても、それが気に入ったのだ。

「これをください」

そう言ったとたん、店の人はびっくりして、

「あの、ローンにしますか」

と聞いた。

「いえ、一括でお支払いします」

母親は、自分には関係ないものだから、

「あらー、これはいいわ、すごくいい。着ないときには貸して」

とはしゃいでいた。店の人が気をつかってくれて、胴裏《どううら》、裾回《すそまわ》し、仕立て代すべて込みで反物の値段でいいと言ってくれた。着物ができあがってきたとき、私の家宝ができたような気がした。自分の持っているもののなかでいちばん値段が高いので、盗まれたりしたら大変なことになるのですぐに実家に持っていって、桐タンスに入れておいてもらった。預金をはたいてすってんてんになっていたので、この着物に締める帯を買うお金はまだない。だからこの着物も着られないのだが、それでもこの着物があるというだけで、私は幸せな気持ちになれたのだった。

そして一年後、今度は大島を買った。やはりシンプルなもので、これしかないと思ったものだった。で、やっぱり、すってんてんになった。

値段の張る着物だけではなく、ふだん用に手頃な値段の鰹縞《かつおじま》の厚手木綿の着物も買ったりしたが、着物を買うたびに預金残高は限りなくゼロに近くなった。手持ちのお金には限りがある。今のように若い人がカードを当たり前のように使える時代でもなかった。でも限界がある資金のなかで、あれもこれもという買い方は私にはできなかった。これだ、と目をひく着物があって、それで予算がいっぱいになったら、そのときは帯はあきらめる。そしてまたお金がたまったら、着物に見合う帯を買う。だから着物を買ったとしても、すぐには着られなかった。合う帯が買えないから当然だ。それでも、

「いつかは気に入った黄八丈と大島に合う帯を買おう」

とそれを楽しみに、着物の雑誌をめくる日々を送っていたのである。

三十歳のときに私は会社をやめて、物書きとして独立した。勤めているときは三十歳になったら、いつも着物ですごしたいと思っていた年齢になった。会社勤めだと大変だが、フリーになったので、何を着ていても自由だ。考えてみたら着物はあるけれども、帯不足、小物不足なので、これまで買った着物が着られるように、着物ワードローブを整えようと、あちらこちらの店を見て回るようになった。それまで着物を買っていた店に不信感をもち、縁を切ったほうがいいのではないかと母親と相談し、新しい店を開拓する必要があったか

らだった。理由は後の章で書くけれども、とにかく払う金額の桁《けた》が大きいので、信頼できるところでないと難しい。しかし世の中で主になっていたのは、礼装用かお茶事用のいわゆる柔らかものの着物ばかりで、洒落《しゃれ》た紬《つむぎ》を置いてある店がいったいどこにあるのかわからなかった。着物の雑誌を見て、

「ここならいいかな」

と思うこともあったが、そこの店が良心的かどうかはわからない。そう思うといつも二の足を踏んでいた。

あるとき雑誌に私が住んでいた場所から近いところにある呉服店が紹介されていた。のっけから着物を買うのはとてもじゃないけどできないので、試しに帯揚げと帯締めを買いに行ってみると、とても感じのいい女性が応対してくれて、気持ちよく買い物ができた。

「着物が好きなんですねえ」

と言いながら、初めてきた私に次々と反物《たんもの》を見せてくれる。勘違いされたら困ると、

「着物を買うつもりじゃないんですけれど」

と言うと、

「いいんですよ。見るだけで。見るのはただですからね」

本当にたくさんの反物を見せてもらった。どれも生地がよく、あまりほかでは見かけない意匠のものも多かった。そのとき店に出ていたのは雇われていた女性で、オーナーの女

性は別だった。彼女も店のタンスの引き出しから、見たこともない刺繡《ししゅう》、絞《しぼ》り、﨟纈《ろうけつ》染めの着物をたくさん見せてくれた。織りの着物よりもどちらかというと柔らかものを中心に扱っている店だった。

「どういうのがお好き？」

とずらっと並べられた着物を前にして聞かれて、選んだ一枚を指さすと、

「それは地味だわ。おばあさんでもそんな着物は着ないわよ」

と言われてしまう。とにかく私の好みはことごとく地味だと言われるのだ。かといって赤やピンクのものをすすめるわけでもなく、微妙ないい色合いの着物がたくさんあった。どこにこんなものがあったのかといいたくなるくらいの、彼女が特別に織らせた綴《つづれ》の帯（職人の鋸《のこぎり》形状の爪で緻密《ちみつ》に織り上げる手織り帯）や刺繡の訪問着、面白い意匠の羽尺《はじゃく》もあった。私は柔らかい着物に興味はなかったが、そこの店で見た着物にはひかれた。とにかく手のかかり方が違っていて、ていねいに作られている着物といった感じであった。紬の着物が欲しいと思っていたのに、そこで見せられた黒地に白く細かい絞りが飛び、小さな鳥の刺繡がほどこされている訪問着はひと目見て気に入ってしまい、思わず買ってしまった。店主の女性も女手ひとつで店を立ち上げ、同性としてすごいなあという思いもあったし、信用できるような気がした。母親が似合う、大胆な意匠の着物も多い。

「あの店だったらいいかもしれない」

と母親ともどもそれから四年ほど、お世話になった。

あるとき実家で母親と着物話で盛り上がっていると、

「そういえば、あの黄八丈、どうするの」

と聞く。

「どうするのって、どういうこと」

「着るのか着ないのかっていうことよ」

「着るつもりで買ったけど、今すぐどうこうっていう問題じゃないじゃない」

「でもあれは、着ないともったいないわよ。着ないんだったら、私が着ようかしら」

冗談めかして言っていたけれども、目が真剣だったのを私は見逃さなかった。私が黙っていると、

「あれはちょっと地味なような気がする」「お姉ちゃんがあれを着るのにふさわしい年齢になったときに、着やすくなっているように、私が着ておいてあげる」

と「欲しいーっ」という絶叫を別の言葉に置き換えて、くどくどと繰り返した。

「ふん」

とりあわないでいると、

「ね、ちょっと着てみたら」

母親はタンスの引き出しを開けて、黄八丈を取り出した。

「見れば見るほどいいわねえ」

彼女の目はハート型になっている。

(うるさいなあ、本当に)

むっとしながら鏡の前で着物を肩にかけた私は、愕然《がくぜん》とした。

(がーん。……似合わない)

数年前もたしかに地味な感じはしたが、今は妙に老けてみえる。

(そ、そんなはずはない。百三十万なのに……)

あせりつつ、もう一度、しっかと鏡を見ても、おばあちゃんのを借りてきたようにしか見えない。でもすってんてんにまでなって買った黄八丈である。私は何食わぬ顔をして、

「いいじゃない」

と言った。母親はしばらく私の姿を見ていたが、ひとこと言い放った。

「お姉ちゃんが着ると、なんだかどてらみたい」

(がーん)

むかっとしたが、残念ながら私は抵抗できなかった。なぜなら母親の言うとおり、中途半端に着る時期を逃したその美しい着物は、私が着るとどてらにしか見えなくなっていたからだった。

「ほら、私が着てみるわ。ね、どてらには見えないでしょ」

確かにそうだった。着るとどてらに見える人間が、山下八百子さんの黄八丈を着るなんて、着物に対しての冒瀆《ぼうとく》なのではなかろうか。私は呆然《ぼうぜん》とした。

「お姉ちゃんにはやっぱり地味だわあ。そんな気がしたのよ。もったいないから、私がお姉ちゃんが似合うようになるまで、着ててあげるから。ね、そうしましょう。ねっ、ねっ」

母親は黄八丈を奪い取って自分の引き出しに入れた。そして次に、

「そうそう、大島もあったっけ」

と勝手に畳紙《たとうがみ》を取り出して、私に着てみよと迫る。しぶしぶ羽織ってみた。

(が、が一ん)

衝撃のダブルパンチだった。あれだけ気に入っていたのに、この大島まですこぶる地味で、おばあちゃんの借り着ではないか。

「んまー、大島も地味だわーっ。ほほほーっ」

母親のこんなにうれしそうな顔を見たことがなかった。打ちひしがれている私を後目《しりめ》に、

「やっぱりねえ、ちょっと地味だと思ってたのよねーっ。でも私にはちょうどいいわあ」

と彼女は大喜びだ。

「大丈夫、安心して。大切に着てちょうどいい頃合いにして、ちゃーんと返してあげるから」

そう言いながら私の肩をばしばしと叩《たた》く。

「本当だろうな」

私は疑いの眼を向けて、低くつぶやくしかなかったのである。

三十代、すってんてん人生の理由

三十代の半ばのころがいちばん、着物を買った時期だった。ＯＬのときよりははるかに余裕があるはずなのに、私はどういうわけだか、いつもすってんてんだった。私も弟も社会人になってなんとか自活できるようになり、余裕ができたので母親も、また着物を買うようになった。彼女と私の趣味は似ているが、彼女のほうがずっと個性の強いものが似合う。私は大胆すぎるものも平凡なものも似合わないのだが、とにかく彼女は大胆なものが似合う。

「これは着る人を選ぶわね」

というようなものが似合うのだ。母親の退職祝いに、総刺繍の黒留袖《くろとめそで》を買わされたのもこの時期だった。親戚《しんせき》の結婚式がいくつか予定されていて、

「前に買った黒留袖は柄が派手になった」

と言う。母親と一緒に呉服店に行っているときに、店主の女性にそう言うと、彼女は奥

のタンスの引き出しから、

「こういうものがあるんだけど」

と言って黒留袖を出してきた。

「私が大切に持っていたものだけれど、似合って大事にしてくれる人にならい、手放してもいい」

と言う。母親は広げられた着物を見たとたん、

「うわあ」

とそのまま固まってしまった。それは見事な総刺繡だった。柄も花や古典柄ではなく、幾何学模様が組み合わさり、連なったような形で個性的だ。今まで見たこともないような着物だった。でも値段は五百万……。

「欲しい、欲しい。これが欲しい」

まるでスーパーマーケットで菓子をねだる子供のように母親は身もだえした。

(欲しいって言ったって、どうすんだよ)

私は黙っていた。

「いいわねえ、いいわねえ。ねえ、いいわよねえ」

同意を求められても、単に感想を述べることならできるが、私はいやーな予感がしていた。

「十月には結婚式があるし、来年の三月には……」

母親は親戚にある結婚式の予定をつぶやきはじめた。いつまでたっても母親は着物を手放そうとしない。

「ちょっと羽織ってみたら」

そこへすかさず店主が言い、あっというまに母親は黒留袖をまとっていた。

「いいわねえ、いいわねえ」

私ははーっとため息をついた。娘に遠慮があったなら、羽織れとすすめられても、

「でも……、いいわ」

と断わるはずなのに、待ってましたとばかりに羽織ったということは、彼女の中でもう九割方、自分のものになると確信をもっているはずだった。

(買ってくれるわよね、お姉ちゃん)

という悪のオーラがじわじわと私のほうに迫ってくるのがわかった。

「はーっ」

私はふかーくため息をつき、

(まあ、これから着る機会もあることだし……)

と自分を納得させて、その着物を買うことにした。

「わあい、わあい」

またすってんてんだ。私は着物を買うためだけに働いているようなものだった。住む部屋には興味がなかったので、1DKのマンションに住んだまま、本と着物が増殖していった。収納するタンスも持っていないので、着物が入った箱が、部屋の隅に積まれていた。

その店の趣味は嫌いではなかった。

「柔らかい着物のなかにも、私が気に入るものがあるのだ」

とわかり、今でも礼装用に着ている総刺繍の訪問着、縫い紋付き小紋《こもん》、綴《つづれ》の袋帯などはそこで買い求めた。しかしここでもまたトラブルがあっておつきあいはやめにした。

この店のあと、しばらくのあいだ、着物は買わなかった。着物は買わなかったけれども、いちばん着物を着た時期だった。一週間に三回は着ていたと思う。食事をするにも着物を着ていった。しかし私がいちばん欲しい、紬《つむぎ》の着物の充実度には不満があった。前の店ではいくら気に入っても、彼女が、

「地味だ」

と売ってくれなかったからである。それでもやはり着物に関しては私は新参者であるから、ベテランの人の意見にも耳を傾ける必要があると思い、多くの場合、彼女の意見に従った。店とつきあいがなくなって、冷静に考えると、彼女の言うことを聞いていてよかったなと思うのが五分、違ったなというのが五分だった。

〝三十分、五百万円お買い上げ事件〟の真相

「やっぱり初心に戻って紬の着物の充実を！」

これが私の着物人生のスローガンになったが、いったいどこで買っていいかわからない。ともかく少し、インターバルを置こうと、三年くらいは小物以外は何も買わず、買ってあった着物を着たりしていたところへ、会社を経営している友達が、買い物をするのに「伊《い》勢《せ》丹《たん》」の外商を紹介してくれた。それまで私はデパートで着物を買ったことはなかった。面白味のあるものに欠けているのではないかという先入観があった。外商担当の女性が来て、

「どういうものにご興味がおありでしょうか」

と聞くので、

「着物でしょうかねえ」

とこたえると、次から次へと展示会のお知らせが来る。店内でもおこなわれるし、高級料亭を借りて、お食事つきでおこなわれることもある。母親も、私と呉服店のいざこざを知っているものだから、

「やっぱりデパートは安心できるんじゃないのかしら」

と言うものの、

「でも面白いものがあるのかなあ」

と不安なようだった。

着物の担当をしてくださったFさんは売り場のベテランの男性で、すでに退職なさっていたが、着物の知識は豊富なので、嘱託として働いていたかただった。ご実家も呉服店を経営なさっていて、ご本人は文化庁とも関係がある、染織全般に造詣《ぞうけい》が深く、ただ着物を売っている店員さんとは、一線を画していた。

私と母親はいったいどんなものかと、店内でおこなわれた展示会に行ってみた。「伊勢丹」が毎年二回おこなっている、「三四十会《みよそかい》」という展示会で、京都の「秀粋《しゅうすい》」、帯の「洛風林《らくふうりん》」、「浅野《あさの》」、「広田紬《ひろたつむぎ》」などが入っている会である。ふだんと違ってたくさんの商品が並んでいる。しかしたくさんの人が集まっているのは礼装用や、柔らかもののコーナーばかりで、紬関係のコーナーは閑散としていた。とにかく私の目標は〝紬の充実〟だったので、これ幸いとのんびりと反物《たんもの》を選ぶことができた。ここで私ははじめて「洛風林」の帯を知り、面白い意匠にファンになった。

まずは着物をと物色していると、なかに草木染めの縞《しま》があった。茶色にレンガ色の縞なのだが、よーく見ると、反物の幅の三分の一くらいの部分は、細い白い縞がならぶ子持ち縞になっていて、変化がつけられている。単調な縞ではなく、よく見なければわからない柄の変化がつけられているところが気に入って、その反物を買った。

帯のところに行くと、生成の地《じ》に油絵っぽいタッチで幾何学柄が描かれている染め帯があった。染め帯といっても柔らかい感じではなく、すっきりとしたところが気に入って、それも買い求めた。油絵の画家の女性が描いたということだった。

「面白いものもあるじゃないか」

ふむふむと思いながら見ていると、母親が帯のところでじーっと座り込んでいた。どうしたのかと近寄ってみたら、

「いいわねえ、いいわねえ」

と言いながら、一枚の帯を穴の開くほど眺めている。

「いい帯ですよ」

Fさんは口を添えた。それはうるしの帯で、古代の人々が狩猟をしている姿が細かく織り出されているのだが、人々や鹿、鳥の姿がとってもかわいらしく、色といい柄の大きさといい、

「これぞベストバランス」

と拍手したくなるくらいの、魅力的な帯だった。

「お姉ちゃん、帯もいいけど値段もいいの」

母親の微妙な目つきに不安を感じながらも、値段を見ると、高級袋帯の十倍の値段がつ

いていた。

「やはりいいお値段でございますねえ」

と言いながら私はその場を離れた。

それからあと、母親はずーっとうるしの帯のことを、

「あれはよかった、あれはよかった」

と繰り返していた。

「いいのはいいけど、どの着物に合わせるの」

「ああいういい帯はどんな着物にでも合うから、一本あるといいのよ」

それはいいかもしれないが、いったい誰が代金を払うのだ。ふんふんと話を聞いているうちに、外商の女性から、

「お気に召したかたがいらして、お買い上げになりました」

と聞いて私はほっとひと安心した。これで母親にどんなにねだられようと、もうあの帯はない。

「あれはよかったものねえ。そう、売れちゃったんですか」

と残念そうだったが、すぐにあきらめたようだった。

しかしこれはまだ序章だった。その何か月後かに、京都で呉服ツアーというイベントがおこなわれた。京都好きの母親は目が輝き、

「行きたーい。行く、行くーっ」

と張り切っている。そしていまだにわが家の語り草になっている、〝三十分で五百万円、お買い上げ事件〟が起こった。他のエッセイでも書いているので詳細は省くが、事前の母娘会談では、母親が訪問着が欲しいと言っていたので、

「それでは訪問着と帯は買ってやる」

と私は夫のように宣言をした。Fさんにもそう言ってあったので、母親に似合いそうな訪問着を何枚か選んでおいてくれていた。見たとたんにそのうちの一枚が気に入り、帯も見合うものがあったので、それに決定した。しかしほかにもいろいろな品物が並んでいて、

「じゃあ、ほかのも見させていただきます」

と母親が陳列してある商品を見て言った。私はすでに目的は達成しているので、彼女が「どんなものがあるのか」くらいの軽い気持ちで見ているのだろうとたかをくくっていた。それが間違いのもとだったのだ。

母親は気に入ったものがみーんな欲しくなっていたのだ。夏物の生成の地に墨描きの波が裾《すそ》に描かれている訪問着が気に入り、

「欲しい、欲しい」

と言って買うはめになった。ほかにもあれこれ見たあと、喫茶室でお茶を飲んでいたら、急に力なくぐったりした様子だったので、気分でも悪くなったのかと思ったら、

「あそこにあった染結城《そめゆうき》が忘れられない。あれを買わなければ、死ぬまで夢を見る」

などとつらそうに言いだした。あまりに暗ーくなっているので、

「わかったわよ。じゃ、買ってくれば」

と言ったとたん、

「わあい」

と急に元気になって、染結城が展示してあった部屋に走っていき、私があわてて追いかけたときには、すでに体に反物を巻かれて、満面に笑みを浮かべている始末だった。結局私が自分の物として買ったのは、あぶらとり紙だけだった。そして半年後にデパート内でおこなわれた展示会では、

「染結城に合う帯がないのよねえ」

と言い、可愛い雀を織り出した綴《つづれ》の名古屋帯をお買い上げになった。もちろんデパートの外商の口座は私の銀行口座と直結している。すべて私の預金から引き落とされる。母親は自分がお金を持っていなくても、担当の人に、

「お願いね」

と言うと洋服でも宝飾品でも日用品でも持って帰れる。まさに外商のシステムは母親のためにあるようなものだった。

困ったなあと思うものの、これまでの母親の人生を考えてみると、頭ごなしに、

「もう買うな」

とは言えなかった。まあ、いずれは私の物になるという魂胆もあったのではあるが……。

結婚後、絵描きの父親の収入が不安定なものだから、実家から持ってきた着物を売り、離婚してからは生活が楽ではないのに、ローンで私の着物を誂《あつら》えてくれた。やっと余裕ができたのだから、着物を着る楽しみがあってもいいのではないかと考えていたのが間違いのもとだった。着物だけではなく、母親の興味は宝飾、洋服、美術品と多岐にわたり、私はそのたびに支払いに頭を抱えた。

「私は着るもので楽しみたいから、家はいらないの」

と言っていたので、そのつもりでいたのに、母親と弟がタッグを組んで、あっというまに家を建てる計画を実行し、家まで建てさせられるはめになった。予定外での出費にまた私は頭を抱えた。

「甘すぎた……」

後悔先に立たずであった。

それからは電話で母親が何か買いたそうな口ぶりでも、

「ハウス！」

と命じて外に出さなかった。しかしそれが続くと、

「体調が悪い」とか「気分がふさぐ」

などと言いはじめる。そしてそのあげくに、

「伊勢丹に行くと、ぱーっと気分が晴れるから、行かないとだめ」

などと言う。私がいちばん恐れていたのは、母親が病に臥《ふ》せることであった。仕事の量を考えると、看病はとてもじゃないけどできない。着るもののことが考えられるのは、健康な証拠なのだろうと楽天的に考えることにした。友人からも、

「宗教なんかにつぎこむ人も多いっていうわよ。それに比べたらずっとましじゃない」

などと慰められ、そうかもしれないと納得はするものの、実家のローン、買い物、税金と、毎月、何百万という単位で引き落とされる金額を見ては、ため息しか出てこなかった。

「あんたはロスチャイルドの親戚《しんせき》か？」

娘がいったいどんな思いでお金をもらっているか知っておるのか。金が無尽蔵に出てくる宝袋を持っているわけではないのだ。外商の女性から、

「お母さまがいらっしゃいました」

と電話をもらうたびに、

「今度は何を……」

と冷や汗が出る。店員さんに親切に接してもらえるのが、母親はうれしいようであった。

着物と山賊とカードと

「伊勢丹」の仕事はとてもていねいだし、これからは着物も全部デパートでと思っていたところ、前々から気になっていた店の展示会があると、着物の雑誌に掲載されていた。「伊兵衛工房《いへえこうぼう》」は私がＯＬのときから気になっていた店だった。『銀花《ぎんか》』という雑誌に何回か紹介されていて、

「いつかここの着物を買いたい」

と憧《あこが》れていたのだ。私はすぐに店に電話をかけて、青山の展示会の場所を確認すると、ていねいに応対していただき、とても感じがよかった。当日、見た着物はどれも素敵だった。たまには自分のために誂えようと、着物と帯をお願いした。母親に行ったことを黙っていようとしたのだが、それができないところが私のいけない部分である。つい彼女に話すと、想像どおり「行ってみたい」と言う。

そしてまた翌日、母親を連れて行った。絶対に母親好みなのは間違いないとふんでいたが、やっぱりそうで、またまた目がハート型になり、着物と帯を選んでいた。黙っていれば散財をしなくてすむものを、母親も見たいだろうと、仏心《ほとけごころ》を出すものだからこういうことになる。

でも（いずれは私のものになる）とそれだけを心の支えにして、財布を開いた。そうでなければ買ってなんかやるもんか。

「伊兵衛工房」の着物は、縞《しま》、格子がほとんどなので、一見、帯合わせが楽なように思えるのだが、着てみるととても個性が強い着物で、生半可な帯だと帯が負けてしまう。手持ちの帯よりも、工房で扱っている個性の強い染め帯や織り帯のほうがなじむ。こちらでも「洛風林」の帯を扱っていて、

「自分が好きだと思うものは、どこかでつながっているのだなあ」

と思ったりした。

これからは「伊勢丹」と「伊兵衛工房」でお世話になればいいと思っていたところ、知人が呉服店を開くことになった。紬《つむぎ》が専門で、低価格で若い人にもっと着物を着てもらいたいという考え方の店だった。問屋を必要以上に通さないので、一般的な店よりも全般的に安い値段で商品が並んでいた。母親はまたここでも興味を示し、

「行きたーい」

と叫んだ。連れて行かないとうるさいので、一緒に行くと、店に入るなり、

「わあ」

とはしゃいで棚にかじりついた。そしてあっというまに並んでいる反物《たんもの》を抜き出し、

「全部いいような気がする」

と言う。

「気がするって言ったって、あんた……」

目の前の店内のテーブルには、羽尺《はじゃく》、紬、単衣物《ひとえもの》など、十何反もの反物が並んでいた。それからゆっくりと鏡を見ながら、似合うかどうか検討する。店の人もそして私すら立ち入れない、母親独自のペースができあがっているのである。だいたいの場合は何反か選びだすと、そのなかから選びに選ぶものだが、彼女の場合は、選んだ時点で買い上げモードに入っていて、買うものを選ぶというよりも、買わないものを選ぶのである。そしてだいたいの場合、ふりおとされる反物はなかった。

「本当によろしいんですか」

店の人がびっくりするくらい買う。

「はい！」

母親は肩で息をしている。着物を見るときには必ず鼻息が荒くなるのである。そしてやっと息づかいが落ち着くと、満面に笑みを浮かべて、

「わあ、仕立て上がってくるのが楽しみーっ」

と言うのであるが、今度はこっちがため息をつく番だ。いくら値段が抑えめとはいってても、十何反も買われたのでは、それ相応の金額になる。もともと数字にめちゃくちゃ弱い私も、必死に頭の中で計算する。

（本の印税が来月の末に入って、カードの引き落としが毎月十日だから……）

どう考えてもごっそりとお金が出ていくのは間違いない。お店の人が、

「合計はこうなりますけれど」

と私に請求書を見せてくれる。そーっと母親の顔を見ると、知らんぷりをして、店内で欲しいものはみな買ったというような顔をしている。

「ここからここまで、ぜーんぶ削ってください」

と言いたいのをぐっとこらえ、

「はあ、わかりました」

とカードを出す。そこのお店に行くとその繰り返しだった。反物を選ぶ母親の姿を見ているると、まるで山賊のようであった。そして店の人の電話だけではカード会社の承認番号がもらえず、私が電話に出て、

「ご本人に間違いないですね」

と何度も念を押された。カード会社のほうも、

「よからぬ奴に悪用されているのでは」

と疑うほどの金額なのだ。

（本当によからぬ奴に、悪用されてるんです……）

しかしそのよからぬ奴は、いつでも天真爛漫《らんまん》に、

「よかったわあ、うれしいわあ」

を連発してはしゃいでいた。

私がその店で最初に買ったのは、じゃじゃ織の泥大島《どろおおしま》だった。じゃじゃ織というのは、大島紬を織っているところで、残糸を利用して織ったというものである。糸は大島紬用の糸なのであるが、高価な大島紬のように九マルキ、十二マルキ（マルキとは織物の経糸《たていと》総数千二百四十本に占める大島紬特有の絣《かすり》糸が使われている割合。一マルキは八十本。本数が多くなるほど精巧で高級品となる）といったような、大島特有の織り方はしていない。格子柄だったり、アトランダムに糸を織り込んであったり、縞だったりと、一般的な大島よりも柄行《がらゆ》きは面白く、おまけに値段が安い。泥染めの糸を使っているとやはり値段は少し高くなるけれども、反物でだいたい七万円くらいからだった。ほかの呉服店でそういう品物を見たことはなかった。

「探せば値段が手頃で、ふだんに着られる着物もあるんだ」

と驚いた。ほかにも試作品のままお蔵入りになった帯、倉庫に眠っていて一部が色焼けしてしまった羽尺用の白生地など、値段の安い理由を納得していれば値段が手頃なものがいろいろと揃っていた。結局、二年ほどおつきあいしたが、とりあえず着物は揃ったこともあって、購入はお休み。あとは着なくなった着物は羽織やコートにしたり、もっと歳をとったら年齢にふさわしい帯を買えばいいと思っていたのである。

これまで買った着物と帯で、あれこれ組み合わせて着ていたのだが、小唄《こうた》と三味線を習いはじめたら、今まで手持ちになかった着物が必要になってきた。夏場のおさらい会ではお揃いの浴衣《ゆかた》があるので、それを着るけれども、それ以外の舞台などでは、柔らかものの着物を着なくてはならない。姉弟子にこっそり伺ったところ、

「先生は、舞台に出るときは基本的に付下《つけさ》げに準ずるものっておっしゃってたわねえ。小《こ》紋《もん》でもいいんだけど、全体に花柄があったりするものは避けたほうがいいみたいよ。内輪の会のときは、柔らかものだったら柄は何でも、着物を着てさえいればいいんですけどね」

と教えてくださった。やはり小唄には、ごてごてせずに、すっきりとした付下げということらしい。私は頭を抱えた。それまで持っていた柔らかものというと、全体的に柄がある小紋が多く、付下げのようにすっきりとした柄付けのものなど一枚もない。持っているからといって、刺繍《ししゅう》の訪問着は着て行けない。だいたい柔らかものというジャンルにまったく興味がなかったのだ。手持ちの着物や帯をポラロイド写真に撮影したファイルを見ていたら、女社長の店で大昔に作った鮫小紋《さめこもん》と、無地っぽい柔らかもの、「伊勢丹」のFさんのすすめで買っておいた万筋《まんすじ》（ごく細かい縞柄）の江戸小紋《えどこもん》があったのを思い出した。

「よかった……」

これでなんとか当座はしのげる。このときも、「プロの意見は聞いておくもんだ」と思

った。正直いってその着物を買ったときは、素敵だなとは思ったけれども、今すぐに必要というものではなかった。「いつかのために」という着物だったが、そのいつかが五年、十年と経って来たのである。そのときもまた〝着物は道具〟が頭に浮かんだ。しかし小唄、三味線に見合う帯がない。紬用と、あとは結婚式に招《よ》ばれたときの礼装用なので、和もののお稽古事《けいこごと》に合うような帯を求めて、私はまた「伊勢丹」に走り、理由を説明して帯を買うようになった。

やっぱり着物は「奥が深い」

それはまた新しい発見だった。私にとってまったく興味のない柔らかものののジャンルでの、帯合わせ。組み合わせを着物の本を見たり、小唄の会があれば行ってみて、小唄関係の方々はどのような姿なのだろうとチェックした。年配のかたが多いので、おのずと色合いは地味で、本当に柄付けもあっさりとした着物が多い。あとは色無地《いろむじ》に縫いや抜きのひとつ紋をお召しになっているかたが多かった。私の師匠はむかし芸者さんだったので、お稽古のときのふだんの着物姿も、会のときの着物姿もとても素敵で、

「ああ、いいなあ」

と失礼だと思いつつ、じとーっと見てしまう。会のときの着物は裾《すそ》模様で、帯は個性的

な柄のものを締めていらっしゃる。それがまたかっこいい。

私は派手なものしか持っていなかったので、付下げを一枚と、あと江戸小紋があれば、帯を組み合わせて何年かいけるだろうとふんで、着物と帯を何枚か作った。母親の使わない帯も送ってもらい、小唄用の着物と帯は何とかまかなえそうだった。

昔から紬《つむぎ》以外の着物はほとんど興味がなかったが、小唄と三味線を習ったおかげで、柔らかもののほうにも興味が出てきた。組み合わせ方なども新しく本を読んで、常識的なことをお勉強した。紬のときは自由にしてもいいと思うけれども、やはりお稽古をさせていただいて、会の一員となっていると、決まりごとは守らなければならない。

「着物は奥が深い」

新しいジャンルが出てきて、最初はあたふたしたけれども、これもまた楽しい。

私は車も持っていないし、自分が住んでいるのは賃貸マンションで、特別、豪華な住まいではない。外食もしないし、ほぼ毎食自炊である。コートやジャケットの裏地がすり切れると、繕って着ている。唯一、贅沢《ぜいたく》をしているのが着物だ。お金に糸目はつけなかった。総額を合計したら、都内に土地付き一戸建てが買えるくらいだ。それでも私は執着はなく、派手になったものは差し上げてしまう。着ないものを自分のところに抱え込んでいるより、着てくださる人に回したほうが、着物も喜ぶだろうと思うからだ。身のまわりのものはなるべく少ないほうがいいと思うので、まず洋服を最低限にして、次は着物である。現在、桐タンスが二棹《さお》あるが、それだけでは収納できないので、木綿や普段用の着物、半幅帯《はんはば》、名古屋帯などは、エレクターシェルフに積んである。下着、小物類は押し入れ収納用のタンスの中に入れ、収納できない分は和室に箱入りのまま積み上げてある。いずれ洋服が入っているタンスも、着物関係の物に侵食されると思うけれども。

洋服を買いまくった時期もあったけれど、そのときはうれしいけれども、その喜びが持続するわけではなかった。色は地味だがデザインが変わっている服を買っていたが、そういう服の多くは、デザイン優先のため、着心地が悪いことが多い。冬場、着ているうちにスカートがタイツと擦れてまくれあがってきたり、静電気が起きて脚にまとわりついてきたりする。傍目《はため》に見るとわからないが、着てみるとボタンの付け方が雑だったり、すぐにほつれたりした。そういう服を着るといらついてきて仕方がなかった。おまけに店に行って服を買うときに、当日、着て行く服を気にする自分がいやだった。

「こんな恰好で行ったら店の人にばかにされないかしら。あっちの服にしたほうがいいかしら」

と出かける前にぐちぐち悩んだりした。服がないから買いに行くのに、私は大馬鹿者だった。服を買ったとしても、いつも、どこか変じゃないかという思いがつきまとっていた。

しかし着物はそうではなかった。着物のほうが体にまきつけるぶん、お尻《しり》の大きさもばれてしまうし、デザインでごまかすわけにはいかないけれども、洋服の何分の一かで買った木綿の着物でも、着ているといらつかなかった。

「私は着物が好きなんだからいいの」

と思えた。きっと洋服が好きな人は同じような考えをもっているだろう。着るものとして私は着物が好きなのだ。三十年以上着物を買い続けてきて、五十代を前にして、自分で縫って、自分で手入れができて、自分が着るというのが最高だろうと考えている。

高価な着物もいいかもしれないが、自分で縫った着物を着るのはとても贅沢ではないだろうか。

着物を着る女性は、着るときにテーマを決める人もいると聞く。たとえばおめかけさんふうとか、明治のお嬢さんふうとか。私の場合、日常着は「昭和のおかあさん」がテーマである。人前に出るときや会食のときは、それなりの恰好をするが、ふだんのテーマはこれである。それを実現するためには単衣《ひとえ》の着物が縫えれば可能だ。去年は、浴衣の地のしがうまくいかずに自爆したが、再び和裁の本と首っぴきで、浴衣とサマーウールのポーラを縫いはじめた。そしてこれから襦袢《じゅばん》、半幅帯くらいは縫えるようになりたい。

これからは私のテーマは和裁である。いつかは必ず、単衣を仕立て上げて着ようと、少しずつ針を動かす毎日なのである。

群ようこのきものでおしゃべり　1

佐藤愛子さん（作家）

「借金騒動の頃、直木賞の賞金を着物に使って驚かれました」

群　私、勤めているころから、先生の本が大好きで、ほとんど読ませていただいているんです。

佐藤　そうなんですか、それは光栄です。

群　もう、大好きで。先生四十代ぐらいのときでしたか、借金がものすごく大変で、ものすごくお仕事をなさって。相当大変な時期もずっとお着物を着てらしたのですか。

佐藤　そうなの。私たちの年代は、昔からずっと着物ですからね。母の着物がありましたから、買わなくてすむから着てたんですよ（笑）。そうするとね、私の母のなんか昔のですからものがいいでしょう。借金取りが、「いつも着物を着て、あれはどこかに金隠しているに違いない、贅沢してる」って。

群　そう思われますよね。優雅に見えますもんね。

佐藤　思われます、ええ。だけど、お金出して買わずにすむから、着てただけでしてね。

群　ああ、お手持ちのものとか。

佐藤　ええ。

群　あのときのお話ってすごいですよね、本当に。先輩にこう言うのは失礼ですけど、よくぞ（笑）。原稿料は、こう言っちゃ何ですけど、知れてるわけじゃないですか。

佐藤　原稿料は安いですね、本当に。

群　それで朝から晩までお働きになってて、書いてらっしゃいましたよね。

佐藤　書くだけじゃなくて、講演とか、テレビによく出てましたしね。本当に怒濤《どとう》の歳月でした。

群　そのときもずっとお着物。

佐藤　そうです。

群　面倒くさいとかは思われなかったですか。

佐藤　だってそれしかないですから（笑）。

群　ほかになかったんですね（笑）。直接拝読してないんですけど、上坂冬子《かみさかふゆこ》さんと先生が対談なさっていて、何か賞の賞金で、上坂さんはご自分の将来のこと

佐藤　を考えて貯金なさったか、マンションの頭金にされたのに、佐藤さんは結城を買ったと、上坂さんがおっしゃってた、と。本当なんですか。
群　本当です。
佐藤　あっはっはっ。
群　借金いっぱいしてるときでしたからね。
佐藤　その真っただ中のときに。
群　直木賞《なおきしょう》の賞金ですよ。
佐藤　あっ、そうだったんですか。
群　賞をもらったからといって、グラビアで、あっちこっちへ行って私の写真を写すわけ。銀座の呉服屋さんで写そうということになって、行ったら気に入ったのがあった。それは結城じゃなかったですけどね。気に入ったのがあったので、それを買ったら、カメラマンの人は知ってるわけですよ、私が倒産して、借金があること。
佐藤　大変だということを。
群　その人、胆《きも》が潰《つぶ》れて、他人事《ひとごと》ながら足が震えたの（笑）。
佐藤　こんな大変なときに。
群　なんで買うんだって。

群　まあ、普通はそう思いますよね（笑）。でもそのときの先生、お気持ちはどうだったんですか。

佐藤　いやもうやけくそですよ（笑）。何千万も借金しょってるのに、三十万やそこらの金、もうどうってことないですよ。

群　それは、ほとんど自爆するタイプですね（笑）。

佐藤　そうそうそう。毒を喰《く》らわば皿まで。

群　今だったら、何億、何十億くらいの額ですよね。

佐藤　今でしたら、もうつらいでしょうね。

群　それはもう足震えますよね、内情を知ってらっしゃるかたは。でも考えてみたら、同じかもしれませんね、そのくらいの金額は。

佐藤　もう、どっちみち五十歩百歩でしょう（笑）。

群　私もそんな気がする（笑）。

佐藤　でも、それくらい無茶苦茶じゃないと、生きてこられなかったですよ（笑）。

群　そうですよね。作品を拝読させていただくと、ちゃんとお手伝いさんもいらっしゃるおうちにお生まれになって、その後に、いろいろ大変なことになって。

佐藤　ええ。

群　お嬢さまを妊娠なさったときでしたか、こんな大変なときに生まれたら困ると

佐藤　いって、押し入れからドンと飛び下りて、ガンガンおなかをぶつけたと書いてらしたでしょう（笑）。でも、生まれたって。私、申し訳ないんですけど、ゲラゲラ笑っちゃったんですよね。

群　いやあ、押し入れから飛び下りたくらいじゃだめですね。

佐藤　すごく大変で悲惨なんですすけども、おなか抱えて笑いました。先生みたいにおきれいなかたが、フンとか言って押し入れの上の段にのぼって、布団のところからガーっと飛び下りて。そのギャップがすごくおかしかったんです。

群　その後、若い人はやたらにちょっとしたことですぐ流産するという時代が来たんですよね。羨《うらや》ましいというか、口惜しいというか……。

佐藤　今、安全に安全にと、何かといえばガラスの温室に入れるみたいにしてますけど、もろいですよね。たちが違うんですかね、日本人の。明治とか大正生まれのかたってお丈夫ですよね、皆さん。お元気で、つやつやなさってね。

群　やっぱり、鍛えられたんですね。

佐藤　いろいろなことに耐えないとだめですかね、人間は（笑）。

群　そうですね。窮乏をくぐり抜けてこないとね。好むと好まざるとにかかわらず、いつか鍛えられました。

飛行機が落ちて、着物で飛び下りる心配も（佐藤）

群　ぬるま湯の中じゃだめなのかもしれませんね。先生はいろいろ取材ものもお書きになってますよね。そのときも全部お着物でいらしてたんですか。
佐藤　そうなんです。飛行機だって着物で乗ってたんですから。
群　海外は、着物で。
佐藤　いや、海外は違いましたけどね。と言いつつも二度しか行ってないの。
群　普通の移動の場合はお着物ですか。
佐藤　私、そのころ着物しかなかったから、取材旅行だ何だったって着物を着て。もしも飛行機が墜落するということになったときに、着物で飛び下りるとみっともないからね。
群　「白木屋」の火事みたいですね。
佐藤　そうそうそう。それで本気になって悩んだりしましたよ（笑）。落ちたときに裾《すそ》が頭までわーっとめくれ上がるでしょう、きっと。それ見られたら恥ずかしい（笑）。まあ、見てる人なんか、いるわけないけど。
群　でも、落ちてる仲間は見るかもしれませんね、途中で（笑）。ペロってめくれたときに、ちょっと恥ずかしいかもしれません。『愛子の小さな冒険』という本でしたか、昔の連れ込み宿に覗《のぞ》きの取材に行かれたのは。

佐藤　覗きのね。

群　掛け軸か何かの後ろに、ちっちゃい穴が開いていて。

佐藤　掛け軸の後ろどころか壁に穴がいっぱい開いているんですよ。代々のお客が開けた穴が。

群　それで、先生が気になってボールペンをぐーっと突っ込んだら、ブニュっとして柔らかいものに当たったって（笑）。それが何なのかすっごく知りたくて。結局何だったんでしょうか。

佐藤　だから、隣の部屋の人がこっちを覗いてて。

群　いたんですか、向こうに。

佐藤　覗いてるその目玉に突き刺さっちゃったんじゃないかと思って（笑）。

群　やっぱりそうなんですか。

佐藤　そうじゃないかということにしたんですよ。今はあんな連れ込み宿、ないでしょうね。あれで昭和四十五年ぐらいですよ。新大久保《しんおおくぼ》のね。私は編集者と一緒にいるわけですね。隣の部屋に人が入ってきた気配なので、こっちも一所懸命

群　覗いてたんですよ（笑）。

佐藤　ははは、おかしいですよね。よく見えないから、ボールペンを突っ込んだって（笑）。怖いと思いながら。

群　それから日比谷《ひびや》公園で覗きが出没するというので、それの取材にも行ったんですよ（笑）。

佐藤　選ばれてるんですね、先生もそういう取材を（笑）。

群　黒ずくめなんですよ、覗きの人は。闇に溶け込むように。そして地下足袋《じかたび》を履いてるんですよ、音がしないように。

佐藤　ああ、なるほど。

群　それで、音もなくスタスタスタスタスタ歩いて。それでその日は雨が降りそうで、お天気悪かったから、あまり出がよくなかった。

佐藤　出がよくない（笑）。

群　アベックの出が。それで私、編集者の人と待ってても一向に出が悪いから、「ねえ、帰りましょうか。もうしょうがないわね、これじゃあ」と言ってたら、その黒のヒタヒタがいつのまにかそばに立っていて（笑）。

佐藤　ヒタヒタが。

群　「まだまだ、これから、これから」って（笑）。

群　ははは（笑）。
佐藤　面白かったですね。ああいう取材で借金苦を忘れましたね。
群　ちょうどその時代と重なってるんですか。
佐藤　重なってるんですよ。
群　ああ、それは大変。でも、あれはおかしかったですよね。仕事がつらいＯＬのときに、すごく笑わせていただいて（笑）、本当に心の支えになっていました。やっぱりあれは、ほかにできるかたがいらっしゃらなかったんじゃないでしょうかね、女性の作家のかたで。
佐藤　そりゃあ、そうでしょう。すべて借金返しのためですよ（笑）。
群　いやいや、楽しく書けるかたがほかにいない（笑）。本当に大変でいらしたときって、五、六年ぐらいですか。もうちょっと長かったですか。
佐藤　もうちょっと長かったですね。四十二年十二月に倒産しましてね。四十三年はあるものを売ったりしてなんとかしのいで、もうこれでいよいよどうなるかというときに、あれをもらったわけですけど。四十四年の直木賞ね。
群　はい。
佐藤　それでなんとか生きていけるようになって。四十五年ですから、取材は。
群　そこでまた集中していろんなことがあったんですね。

佐藤　ええ。
群　こういうことを伺っては失礼かもしれませんけど、お着物を手放されたということはありますか。
佐藤　一、二枚は買ってくれる人がいて、売りましたけどね。
群　あっ、そうですか。
佐藤　大体、あれに入ってるんですもの、抵当に。借金の抵当に、着物も全部入ってる。
群　お着物も。
佐藤　だから、勝手に売ることできないですよ。全部、金貸しに押さえられてるんですよ。
群　ええっ。
佐藤　押さえられてるけども、まあ私のうちにありますからね。
群　それを自由に着るのは構わないわけですよね。
佐藤　ええ。
群　それを処分したりとかはできないわけですね。財産扱いになってしまうから。
佐藤　ええ。
群　でも自分の手もとに残ってるわけですね、その時点では。

佐藤　ええ。だから平気で着て歩いていたんです。
群　今の税金でも、着物って財産扱いですものね。
佐藤　そうですか。
群　私も税金遅れたりとかしてるんですけど、本当に払えない場合どうなるんですかと聞いたら、「お着物お持ちですよね、まあ、まずそれですわね」とか言われて。
佐藤　着物で納めるというわけですか。
群　物納というわけですね。
佐藤　それを幾らにしてくれるんでしょうね。
群　業者を連れてきて、査定させるらしいんですよ。
佐藤　ふーん。聞いた話じゃあ、百枚で二万円。
群　ええっ、百枚で二万円。
佐藤　ええ、古着は。
群　そんなの、半衿《はんえり》一枚ぐらいの値段じゃないですか（笑）。
佐藤　そうですよ。
群　まあ、それで商売するわけだから。へえ、でもひどーい。
佐藤　そりゃあ税務署だって、着物を押さえたって困るでしょう。

群　「宝石は」って聞かれて、「持ってないんですけど」って言ったら、「じゃあ着物ですね」って。土地、家屋に最初にいくらしいんですけど、私が今住んでるところは賃貸なので、そうすると着物しかないんですよね。しかるべき業者の人が値段をつけて、それによって税金分を引いてくらしいんですけどね。ちょっと、むっとしましたけど、なぜか（笑）。

佐藤　それは、でも脅かしたんじゃないですか。

群　どうなんでしょうね。

佐藤　実際にはそんなことでお金の代わりにならないと思いますよ、今は。

群　差し押さえて、きちっと虫が食わないようにしてくれるならいいですけどと言ったんです（笑）。穴でも開けたら承知しないし、虫干しもちゃんとしてくださいね、とかね。昔はうちの母なんかも、父が勤め人じゃなかったものですから、大変なときにお嫁入りのとき持ってきた着物をほとんど手放したんです。

佐藤　それは戦後ですか。

群　戦後です。

佐藤　ああ、その頃はいい値で売れました。

群　好きなものは何枚か残したんですけど。だんなさんの具合が悪くなると、奥さんが着物を質屋さんに入れてとか、そういうお話を昔よくうかがったりしまし

たけど、今はそういうこともないんでしょうね。今は着物よりもブランド品なんですね、きっと。

佐藤　そうでしょうね。

着物を好きになって歳を取るのが楽しみに（群）

群　ところで、今日のお着物は結城ですか。

佐藤　ええ、結城です。

群　とても素敵ですね。

佐藤　昔、結城というのは、ものすごく硬かったんですよ。それで、いっぺん普段に着て、昼寝したり、いろいろしてね。

群　結城で昼寝、すごいですね。

佐藤　よれよれにして、そしていっぺん水を通してから、よそゆきにしたものなんですって。

群　昼寝してから、よそゆきに（笑）。

佐藤　そうそう、寝巻きにしてから（笑）。

群　そんなに硬かったんですか。

佐藤　ええ。だからこのごろの結城は最初から柔らかくして、それだけ技術が進歩したんじゃないですか。

群　今でも結城は、最初着たときはパリンとした感じで、なんか奴《やっこ》さんみたいな感じになりますけど。それよりもっと硬かったんですか。

佐藤　ええ。安い結城は昆布みたいだったですよ。

群　あはは、昆布ですか（笑）。

佐藤　そう。それでもほかの反物《たんもの》に比べたら高かったですよ。うちの母なんか、結城だからって、大事がってましたけれど、結城の値打ちを知らない人がたくさんいて、ある日、何かの集まりで私が結城を着て行きましたらね。アイちゃん、木綿着てきたの、なんて言われたりしましたよ。

群　結城は何代も着られますよね。

佐藤　何代といったって、うちの娘は着物を着ませんしね。私が死んだら、着物はどうなる。私は母のものをせっせと着ておりましたけど。娘はもう全然着ないです。

群　全然興味ないのですか。私は『娘と私のアホ旅行』がとても大好きで。そうなんですか、もったいないですね。でもやっぱり着物って洋服と違って、どんどん受け継いだり、着つづけていく楽しみがあると思うんですよね。

佐藤　そうそうそう。そうなんです。

群　結城とか大島だと、その歳に応じて帯を替えて着られたりとか、そういう楽しみがありますよね、年代ごとに。

佐藤　ありますよね。

群　そういう年齢に応じての楽しみがあるので、着物を好きになって、私は歳を取っていくのが、なんかこう楽しくなったな、という部分はあるんです。洋服ってどんどんスタイルがくずれると、ああ、足出せないわ（笑）とか、背中に肉がついたわとか、そういうのが出てくるんですね。

佐藤　いや、着物だって、おなかに贅肉《ぜいにく》がついてくると、肉が帯押し上げるとかいろいろあるんですよ（笑）。もうね、大変なんですよ、歳取ると、着物を着るって。帯を締めるにも力が入らないし、後ろへ首が曲がらないし。

群　えっ、でもお着物は、歳取られたかたがやっぱり素敵じゃないですか、と思うんですけれど。

佐藤　それからこの厚みね。胸と肩の肉。

群　ああ……、厚みねえ（笑）。

佐藤　やっぱり贅肉がつくとね。群さんなんかきれいですから、本当にピシーっと着てらっしゃるからね。

群　いえいえもう、背中に肉ついてますから（笑）。ああ、そうですかあ、困ったな。私は着物が好きだし、先生みたいになりたいなと思ったら、そうですかおなかがねえ。いや、私どうしようかと。これはちょっと考え直さなくちゃいけないかしら（笑）。
佐藤　まあ下腹に肉がつかないように、ひとつお願いして（笑）。
群　もうついちゃってるんですけど（笑）。
佐藤　お塩で揉《も》むといいっていいますけどね（笑）。
群　そうなんですか。先生、揉まれたことありますか（笑）。
佐藤　いや、ないですけどね。次々に情けない話するようですけどね、歳取ると背丈が縮むんですよね（笑）。
群　ええっ。先生は上背おありになるからいいですけど、私これ以上縮んだらちょっと大変。人に踏まれちゃうんじゃないでしょうか、見えなくなって（笑）、やだあ。
佐藤　ズボンをはくと、引きずるんですよね。
群　えっ、股下《またした》が縮んじゃうんでしょうか。
佐藤　クラス会へ行ったら、みんな当たり前みたいに「そうよ、縮むわよ」って。ひどい人、十センチ縮んだという人いるんですよ（笑）。

群　私、この背で縮んだらものすごくまずい気がするんだけど、どうしよう（笑）。これで十センチもじゃ、本当踏まれちゃうわ、人に。だって若い人みんな大きくなりますでしょう、どんどん。私、百四十二センチぐらいになったら、踏まれる、絶対（笑）。やだ、生きていかれるかしら。八十歳ぐらいになって、なんかプンプンしたの踏んだとか言われたら、私だったりして。すごくいやだわ、それ（笑）。

佐藤　今日はなんかこう、打ちのめすような話ばっかりでごめんなさい（笑）。

群　はい、最後に打ちのめされました（笑）。

佐藤　少しはいいところを言いましょう。着物は多少縮んでも、太ってもいい。洋服はその点困りますね。

群　着物の丈は大丈夫といったって、縮んでおはしょりこんなに折っちゃったら（笑）。いやあ、困りましたね。着物がよりどころだったんですけど（笑）。

佐藤　大丈夫ですよ、まだ。下腹が帯を押し上げないあいだは（笑）。

群　ちょっとトレーニングしないとだめですね。

佐藤　ははは、そうそう。

群　このあいだテレビで「ためしてガッテン」見てたら、歩いてるだけじゃ筋力はつかないって。私、昨日から筋トレ始めたんです。うちでできる筋トレ。着物のためにもがんばらないといけないですね。

佐藤　着物を美しく着ることは女の修業のひとつですよ。

［『きものサロン』二〇〇〇～二〇〇一年冬号・世界文化社刊より］

きものコレクション

総絞りの羽織

三十代のはじめ頃、
全財産を投入して買った絞りの羽織。
当時お付き合いしていた呉服屋さんに
「手絞りで、職人さんが
一粒一粒作っているものだから、
本当に貴重。絶対に手に入れて
損はないので、ぜひ買っておいて」
と言われて買うことにした。
その当時は「可愛いすぎるのでは」
と気恥ずかしかったが、
最近、改めていいなと
思うようになっている。

きものコレクション

動物モチーフの帯 1

森の精

伊勢丹の展示会で買った洛風林の帯。
洛風林の帯は、
楽しい柄のものが多くて
値段の幅も広いので、大ファンである。
お店の人に、「これはフクロウですか?」
と聞いたら「いいえ、森の精です」
と言われた。

見ざる 言わざる 聞かざる

猿の可愛さが気に入って
購入した普段用の帯。

フグ

夏帯を買いにいったとき、
動物の手描きの帯が四〜五種類あって、
先に見ていた母娘が
「このフグは目つきが嫌よね」と話していた。
だが、私は逆にこの目つきが気に入って、
「じゃあフグはうちに来るか」
ということになった。

きものコレクション

綴の帯と刺繍の訪問着

この帯を買ったのは三十代のはじめ頃で、
その頃は礼装には全く興味がなかった。
ところがこの帯を見せられたとたんに
「これは絶対に欲しい！」
と思い、合わせる着物もないのに、
全財産を投入して買ってしまった。
刺繍の訪問着は、
帯に二～三年遅れて手に入れた。
このセットは私の「一張羅」として、
結婚披露宴などのお呼ばれの時には
いつもこれで出かけていたが、
着物のほうは私には少し派手に
なってしまったかもしれない。

第二章　やっぱりきもの

二十代、三十代の女性と話していると、

「私も着物が好きなんですけれど、どこで買っていいかわからないんですよね」

と言う人が多い。会社に勤めて八年、九年、十年とたつうちに、洋服の流行を追うのにもちょっと疲れ、

「自分が選んだ着物が欲しい」

と思うのだそうである。話を聞いてみると、着物が欲しいと言った女性のほとんどが、成人式のときに両親から着物を買ってもらっている。振袖の人もいれば訪問着の人もいる。しかしほとんどの人が、

「実は親に買ってもらった着物が、趣味じゃなくて」

と言うのだ。じゃあどうしてその着物になったのかとたずねたら、とにかく着物の知識はないし、両親、とくに母親は舞い上がってテンションが上がっているし、何だかわけがわからぬうちに、店員さんと母親の合議の上で決定したらしい。

「今まで着物なんか選んだこともないし、どういう色や柄が自分に似合うのかすらわからないです。だから母親が気に入ったものを着たような気がしますね。店員さんに『お似合

いですよ』と言われると、そうかなあなんて思ったりして。その着物を着ると両親はとても喜ぶし、周囲の人も褒《ほ》めてくれるので、いやな気分ではなかったのは事実なんです。でも冷静になってみると、私の好みとはまったく違いましたね。親が買ってくれるから、ま、いいかっていうようなものですけど。お店の人は、『のちのち、袖《そで》を切ってお召しになれますから』って言ってましたけど、やっぱり着たくないです」

それがどういう着物かというと、いわゆるお嬢さんらしいはんなりとした感じの着物で、どうしても自分の気持ちと違和感があるというのだ。

だいたい母親というのは、洋服の場合は娘の好みがわかっているはずなのに、どうも着物になると錯乱してしまう傾向があるようだ。娘に似合うというよりも、自分が娘の年齢に戻ったような気持ちになってしまい、若返った自分が着たい着物を選んでしまうのではないだろうか。だからお嬢さんらしい着物を選んだ母親は、自分がそういう着物が似合うタイプなのだと思う。洋服と違って着物は、いくら帯を替えたとしても、ＴＰＯには限りがあるから、その場にふさわしい物を揃えなくてはならない。とりあえず親に買ってもらった着物はとっといて、その次をどうするかということに頭を悩ませているようなのだ。

着物といっても正絹だったら手軽に買える値段ではない。最近はポリエステルでも、天然素材とそう変わらない値段のものも多くなってきた。絶対に自分で買いたいという人は別だが、まず親戚《しんせき》、縁者に声をかけ、そのあとにちょっと範囲を広げて会社などで、周囲

の女性に、

「着物にとっても興味があって。でもなかなか買えないんですよね」

とさりげなくアピールしてみたらどうだろうか。もしもいただけるものがあったら、いただきましょうという作戦である。

「娘がいるんだけど、全然、着物に興味がないから、よかったら差し上げるわ」

とか、

「たしか母親が着ない着物があるって言っていたわ」

ということになることも多い。派手になって着られないが、見ず知らずの人に手放すのはちょっといやだ。でもこれからも着る機会がない。昔、着物を着ていた人は、着ないけれど持っている着物が必ずあるものなのだ。その人たちも、いったいどういう人にあげていいかわからないから、使い途《みち》もなくただずっとタンスの中に入れておくことになる。

この作戦は意外に有効である。私もおかげさまで目上の方々から、

「娘がいるのだけれども、全然、興味がないみたいだから」

と貴重な着物を何枚もいただいてしまった。私の知っている若い女性で、幸運にもタンス一棹《さお》の半分ほどの着物を、どーんといただいた人もいるくらいだ。ただし寸法の問題があるので、譲ってくださる人との体格の兼ね合いもあるだろうけど、運よくそういうチャンスを得たら、

「くださるというものは、いちおうもらっておきましょう」

と言いたい。べつにただだからというわけではないが、ほかの人が着た着物をいただけるというのは、買うのとは別の喜びがある。より大事にしようという気持ちにもなる。着物の丈が足りない場合でも、仕立て代はかかるけれども、羽織、コート、帯にリフォームできるかもしれない。それが万が一、寸法が合ってそのまま着られるようだったら万々歳じゃありませんか。

着物好きの人は、自分と同じ着物好きの人に着てもらえるというだけで喜ぶものだ。譲るからお金をなどという人は、百パーセントいないはずだ。もしいたら相当に根性が悪い。若い人だったら心のこもったお礼状で、充分先方は満足されるはずなのだ。

いただいた着物が好みに合うか否かというのは問題であるが、合わなかったら家での着付けの練習用にしたらよろしい。昔のものは比較的生地がいいので、染め替えがきく場合も多いので、それが可能だったら新品同様になって手元に返ってくる。着物にまつわる細かいことをすべてしてくれる、悉皆屋《しっかいや》さんが昔はあったけれども、今はほとんど見なくなって残念であるが、数は少なくなったけれどもどこかで営業しているはずだ。商店街の中や、住宅地のはずれにぽつんとあったりするので、要チェックである。インターネットでも探せると思う。

なかなかそういうチャンスにも恵まれず、自分で買いたいとなると、踏み出す一歩が大変だ。のちのち後悔するような買い物は絶対にしたくないのは誰しも同じだ。だから買う店を選びたい。しかしいったいどこで買ったらいいのかわからない。友達に聞いてみても、何だか恐ろしそうな話しか聞かない。キャッチセールスみたいなのにつかまって、展示会に連れていかれた。びっくりしているあいだに、タニシみたいに髪の毛を結い上げた、着物姿の厚化粧のおばちゃんたちに拉致《らち》され、ぐるぐると体に着物を巻き付けられ、

「買え、買え」

と迫られたとか、どんな品物が置いてあるのかと、意を決して呉服店に入ったものの、じろりと頭のてっぺんからつま先まで見られて、相手にされなかったとか、そうでなければ、必要以上にくっついて来られて、買わなければ外に出られないような雰囲気になったとか、彼女たちにとって気の毒な話はたくさん聞いた。事実、ある年下の女性と銀座に行き、呉服店でも見てみようかと言ったら、彼女が、

「○○には絶対に入っちゃいけませんよ。中に入ったとたんに、年配の女性の店員さんがわーっと寄ってきて、大変らしいですから」

と言う。私は、

「ああ、そうなの」

と、その店のガラス戸にへばりついて、中に展示してある着物と帯を眺めていた。店内からは店員さんが、こちらを見ている。

「あ、見てます、見てます。あ、こっちに来そうです」

彼女が警戒警報を発令したので、私はガラス戸の向こうの店員さんに、にっこり笑って会釈をしてその場を立ち去ったこともある。

「群さんは、着物を買いに行って、嫌な思いをしたことってないですか」

と尋ねられたが、幸いおばちゃんたちに拉致されそうになったことはないが、ちらりと一瞥《いちべつ》されて、相手にされなかったことはある。べつにその店が世界で唯一の呉服店じゃあるまいし、店に入ってきた人間に対してそういう態度をとるなんて、店の行く末は知れたものである。

（どんなにお金が余ったって、あんたのところじゃ買わないよ）

と腹の中で言いながら、外に出た覚えがある。

着物というのは洋服と違って、とても長いサイクルで着つづけるものだ。その間には仕立て替え、染め替えなどもあったりするから信頼できるところでないとまかせられない。そしてまずいちばんに、置いてある商品が自分の好みかどうかが問題だ。私は着物を誂《あつら》えた呉服店とつきあいをやめようと決めたとき、いつも心からがっくりした。信用していたのに……と裏切られたような気持ちになった。本来ならば、何でも頼め、ずっとつきあえる店があれば、それがいちばんいいし、私もそういう店だろうと、これまで個人の店とおつきあいしてきたのだが、結局はトラブルがあってやめてしまった。正直いって呉服店とのつきあい方は、洋服を扱う店の何倍も難しいのだ。

私の呉服店デビュー

いちばん最初は母親にくっついて行った店なので、自分が開拓して見つけたわけではない。そこで最終的に私と母親が不信感をもったのは、売らんがために、嘘をつかれたことだった。今から思えば、店の経営者である夫婦も四十歳そこそこだったのではないだろうか。

その店では着物を買うとサービスで着付けの先生を呼んで、着付け教室を個人的に開いてくれたりした。トラブルがあって私は名古屋帯を結ぶまでで行かなくなってしまったが、それなりに親切にしてくれたとは思う。トラブルの原因は、小さいといえば小さいのだが、白生地を染めて、夏の紗《しゃ》の着物を誂えようとしたときのことだった。たまたま店に白生地があり、草色を大胆にぼかして作ろうということになった。仕立て上がったというので、取りに行ったら、

「あの白生地は着尺《きじゃく》ではなくて羽尺《はじゃく》でした」

と言うではないか。羽尺はコートや羽織を仕立てる反物《たんもの》だから、着尺よりも長さが短い。なんでそんなことを今になってと驚いている私に向かって、店の主人は何事もなかったか

のように、

「対丈《ついたけ》（腰揚《こしあ》げもなく着丈になる長さのこと）で着ればいいですよ」

と言った。ああ、もうこれでここのつきあいはやめようと心に決めた。少し前に、着付けを教えてもらったとき、そのあとで、

「対丈の着物は着付けの点でどうなんでしょうか」

と夫婦に聞いたら、

「あれは着崩れますから、ちゃんとおはしょりがあったほうがいいですね」

と言ったばかりなのだ。それが何週間かたったらころりと言うことが違う。私はその場ではひとことも言わずに、着物を持って帰り、母親に事の次第を話して、私たちは店に行くのはやめた。注文とは違うということでその場で怒って、着物を叩《たた》き返すという方法もあったのかもしれないが、私はそういうふうにはしない。私は誠意のない店主がどういうふうに言い逃れをするかを冷たい目で見ていた。持って帰った時点で、当然、着物の代金は払わなくてはならないのだが、それは私に店主を見る目がなかった勉強代だと考えることにして、

「代金は払うけれども、今後一切、つきあいはしない」

という行動をとった。自分としてはその場で怒りをぶちまけるよりも、あとの行動がとりやすかったからだ。店からは、

「お似合いになりそうなものが入りました」「食事会を催しますから、着物を着ていらしてください」と事あるごとに電話がある。そのたびに断わった。冷たく断われるのも、その場で怒りをぶちまけなかったからだ。怒りはそう長く続くものではない。もしも短気な私がその場で怒りをぶちまけていたら、それで気が済んでしまったような気がする。もしかしたらこうするほうが相当、性格が悪いのだろうが、私はこういうやり方で、店の誘いを断わり続けた。店に私の真意が伝わっているか否かはわからない。はっきり口に出さなければ相手はわからないのかもしれないが、そんなことまでこちらがいちいち言うのは疲れる。商売をする人は、こちらがそんなことを言う必要がないくらい、誠実な人であってほしいと思ったのである。

次に見つけた店は、女社長ということで気やすく出入りしていた。年齢は母親よりも少し年下で、この親近感が間違いのもとだった。私は男性にやられたことはないが、同性にやられることが多いタイプである。学生時代にアルバイト先の年上の女性に貸したお金を踏み倒されたりしたことなど、一度や二度ではない。男性はきっちり見極められるけれども、女性に対しては甘く、すぐに信用してしまうのが、私の弱点だということがわかった。女主人は呉服売り場の店員さんからスタートして、一代で店を持った関西の人だった。どういうルートを持っていたか知らないけれど、母親が気に入った総刺繡《そうししゅう》の留袖《とめそで》や、私が買った訪問着など、見たこともないような手の込んだ着物をたくさん所有していた。客層も女医さんや社長夫人といった人々ばかりだった。そのなかで私はいちばん若かった。おまけにＯＬではない。考えれば女主人にとって私はいちばん売りやすい客だったのだ。そんなに年がら年中、呉服店に行くわけではないから、家で仕事をしていると、

「何してるのん」

と甘えた声で電話がかかってくる。

「今、仕事中なんですけど」

と言っても、

「あら、いいじゃないの、ちょっとお休みしたら」

と言って、全然、こたえない。そしてああだこうだと、新しく入荷した着物の話を一方的にまくしたてたあと、

「私と話していい休憩になったでしょ」

と言って笑う。一時は、女主人からの電話が怖くて、電話が鳴っても出なかったくらいだった。

その店でいちばんの顧客はある会社の社長夫人だったが、彼女の夫の会社が倒産し、保証人になっていた女主人が非常にあぶない立場におかれた。すると毎晩、女主人は私のところに泣いて電話をかけてきた。

「死ぬほどがんばって築いた店が、全部、無くなってしまう」

と大泣きするのである。私はうんざりしながら受話器を耳から離し、仕事をしながら適当に、

「はい、はい」

と相槌《あいづち》を打っていた。そうなるのも女主人自身のやり方に問題があったからなのだ。女主人は着物を売りたいがために、社長夫人用に夫人の着物を保管するためだけのマンションを、自腹で借り、社長夫人の、

「もう着物をしまう場所がない」

という断わりの言葉を封じて、どんどん着物を誂えていた。女主人が席をはずしたとき、社長夫人が、

「なんだか知らないうちに、訪問着が仕立てあがってくるのよ」

とおっとりと言っているのを聞いた覚えがあった。

女主人のいちばんの問題は、

「似合うと思って、作ってあげておいた」

と勝手に仕立ててしまうことだった。「先作り」というらしいのだが、私もそれをされて、

「そういうことはやめてください」

と言ったら、ものすごい形相で、

「私がこんなに一所懸命にやってあげてるのに。こんなにいいもん、店に出したらすぐ売れるから、その前に作っておいてあげたんやないの」

とヒステリックに叱られた。女主人の会社が倒産したら、売掛金はすべて回収不可能になる。でもそれは女主人のやり方が悪かったのだ。はきはきしているようで、妙に女っぽいところもある女主人には、

「あなたのこういうところが悪い」

と言っても逆上して泣きわめくだけだろうから、黙って聞いているだけにした。それだけで終わればよかったのだが、資金回収に走ったのか、それからますます、「何が何でも売ってしまえ商法」はひどくなり、足が遠のいた私のところに、ひどいときには一日に何度も電話がかかってくるようになった。あまりにしつこいので店に顔を出すと、明らかに私に似合わない、在庫整理としか思えない反物をすすめるようになった。

とにかく女主人には、

「あなたのことを第一に考えているのだから」

という大義名分があるので、自分はよいことをしているという認識しかない。断わると人の好意を無にするのかというような言われ方をする。そのくせ、私が買った着物は全部頭の中に入っていると言いながら、同じような物をすすめるので、

「似たような物は買いました」

と断わっても、

「そんなはずはない」

と認めようとしない。仕立て上がってきた着物の袖《そで》に針が二本入っていたりする。以前、紋帖《もんちょう》（紋の見本を集めた冊子）を見せて注文した訪問着の縫い紋が間違っていたので、母親に店に行ってもらうと、それを見た女主人は、

「目立たないいんだから、このまま着ればいいじゃない」

と言い、母親を激怒させた。

「絶対に紋をやり直すか、取ってくれなくちゃ、何のための紋付きかわからない」

と文句を言うと、しぶしぶ彼女は着物を引き取り、紋を取った状態で私のところに戻ってきた。

領収証もきちんとしたものをくれず、すべて印紙を貼っていない仮領収証ばかりだった。税理士さんにも、

「ちょっとあぶない感じがするので、私が言うのも何ですが、関わらないほうがいいかもしれませんね。金額が金額ですし」

と言われたので、はっきりとつきあいはやめた。買掛金を完済するまで、半年かかった。完済しても彼女からは何の連絡もなかった。彼女はもともとは悪人ではなく、他人を騙《だま》そうとするような人物でもなかったはずだ。ただ自分の店を守るために、強引な手を使って

いた。

私はこの店との関わりで、

「呉服店とは、ある程度、距離を置いたほうがよい」

ということを学んだ。しかし洋服を扱う店とは違って、これまた呉服店というのが客とコミュニケーションを熱心にとろうとする職種なのである。洋服ではまずありえない、客と店側の人間たちがお着物を着ての食事会、観劇会など、さまざまな会。もちろん洋服のブランドでも、ブランド主催の顧客のためのパーティなどはおこなわれているだろうが、そこにはあまりねちっこい関係性はないような気がする。しかし呉服店の場合はそうではない。店のほうはなるべく着物を着てもらいたいからと、季節ごとにいろいろな催事を考えるのだろうが、それが客の負担になる場合も多いのである。とくに私の場合は個人商店だったから、店の人を含めて四人か五人程度。

「いつも買っていただいて」

と向こうが接待をしてくださるのだが、それがまたあとで困ることになるのである。

「いつも食事をおごってもらってラッキー」

と食い逃げができない性格の私は、後日、反物《たんもの》をすすめられると、邪険に断われなかった。食事をしながら、

（あーあ、きっとこれがまた、いつか紬《つむぎ》の一枚に化けるんだろうなあ）

と思っていたのが現実になるのである。もちろんみんな、そんな下心があるわけではないだろうが、こちらとしては店に親切にしてもらって、微妙に断われなくなるような精神状態になるのである。もちろん気に入らないものは買わないが、見ているうちに、

(ま、いいか)

というような気分になってしまうのも事実なのだ。そのうち負担になってきたので、

「仕事が忙しいから」

と断わるようになったが、断わるのも面倒くさかった。店の好意を無にしているのかもしれないと、自己嫌悪に陥ったりしたが、

「洋服を買ってもそういう思いはしないのに、なんで着物はそうなんだ」

と、着物は大好きなのに、それを取り巻く環境がなんだかいつもねっとりしていて、すっきり爽《さわ》やかというふうにはいかないのだった。

今度はデパートの外商デビュー

こういう状況があって、新たに呉服店を見つけることに臆病《おくびょう》になっていた私は、友達の紹介で「伊勢丹」の外商にお世話になることになり、やがて憧《あこが》れの「伊兵衛工房」の展示会に行って、新たにおつきあいすることになった。最初はデパートなんて、たいした物が

ないのではないかと思っていたが、とくに展示会などでは、デパートだからこそ集められる変わった品物を見ることもできる。置いてある商品の種類も多いし、価格帯もさまざまなので、自分の予算で選べるのがいい。第一、「拉致《らち》されて、ぐるぐる巻きにされる」とか、「ちらりと一瞥《いちべつ》されて無視される」という心配がない。

私もいろいろなデパートに行ってみたが、どこの店員さんも親切だった。ただ半衿《はんえり》を買いにいった某デパートで、

「小紋《こもん》に使う、白地に刺繍《ししゅう》した半衿が欲しいのですが」

と私よりも十歳ぐらい年上の店員さんに告げると、

「みなさん、こういうのを使われます」

とどこにでもあるような花が散らしてある半衿を手にしたので、思わず、

「みなさんが使われないようなのが、欲しいんですけど」

と言ってしまった。

「はあ」

その店員さんはそのまま立ちつくしてしまった。きっといつも、

「みなさん、そうなさいますよ」

という言葉で仕事が成り立ってきたのであろう。礼装とか決まり事のものは、自分だけはみだすわけにはいかないけれども、趣味で着るものはそういうものではない。ほとんど

の人が洋装という今の時代にあえて着物を着る人というのは、どこかに他人と違う部分を作りたいと思っているものなのだ。

「とりあえず、全部、見せてもらっていいですか」

いちおうお願い口調でありながら、命令しつつ、私は勝手に選んでしまった。いちおう店員さんも参加しなければと思ったのか、横に立って、新しい柄が出てくるごとに、

「これは平凡ですわねえ」「これもちょっと地味ですね」

と感想を述べたりした。なかで鱗柄《うろこがら》の隙間に瓢箪《ひょうたん》が薄いピンク色で刺繍されている半衿が気に入って買った。店員さんもほっとした様子だった。

そんなこんなで「伊勢丹」と「伊兵衛工房」、何とか一生、おつきあいできる店が決まったと思っていた矢先、たまたま知り合った女性が店を出したというので、二年ほどおつきあいしたが、またここでも問題が起きてしまった。以前、

「呉服店とはある程度、距離を置いたほうがよい」

と認識したはずなのに、私はまた同じ失敗を繰り返したのである。ここの店も基本的にはよくしてくださったと思う。ただ年月がたつうちに、店の何となくだらしない感じに、私が耐えられなくなってきた。付下《つけさ》げの着物を頼んだら、仕立てのミスで模様が逆に向いて上がってきた。そんなことがプロとしてあるのだろうかと、びっくりしてしまった。多くの和裁士は、神経を集中して仕事をしているはずなのに、縫った人はろくに反物の確認

もしなかったのではないか。そういう人はとっとと仕事をやめたほうがいい。ところが店主は、申し訳ないとこちらに心から謝るより、

「向こうもびっくりしててねえ。でも仕立ての人にあまり文句を言ったらかわいそうだし……」

などと言う。

（いったい、こっちはどうなるんだよっ）

と言いたかったが、黙っていた。その後、織元にまた同じものを織らせると言い、のちに仕立て上がってきたが、もちろん柄は同じだけれども、最初の反物とは雰囲気が違っていた。もしかしたら同じだったのかもしれないが、のっけからケチがついたので、私のほうでそう感じたのかもしれない。

お店が軌道にのるまでは金銭的にも大変だろうと、その着物を持って帰ったが、着る気になれないので人にあげてしまった。ほかにも着物の裏地が縫われていなかったり、生洗《いけあら》い（着物をほどかずにそのまま洗うこと。丸洗いと同じ）に出したら、着物が袋（着物の表地と裏地のバランスが崩れて、裾《すそ》にたるみが出ること）になって戻ってきた。ろくに検品もせずに客に送り返す神経が理解できなかった。何度もミスが続くので、いいかげん、うんざりしていた。そのたびに注文していた半衿代や染代などをサービスしてくれるのだが、そのずるずるとした関係にも嫌気がさしていた。そうすることですべてよしとしてしまう

関係性がいやだったのだ。こちらの足もおのずと遠のいてしまったのだが、そうなると、

「うちは、あなたで持ってるようなものだから」

と言われる。むこうは気をつかってお世辞を言ったつもりなのだろうが、それがとても負担だった。私はパトロンではないのだ。

そして「誂《あつら》え」もするというので、数多くのパターンから気に入った柄を選んで小紋を誂えたのだが、のちにそれとまったく同じ柄でオリジナルの襦袢《じゅばん》地を売り出されたことが決定打になった。確かに柄を選んだときに私は、

「これで襦袢を作ってもかわいいわね」

とは言った。しかしまさかそれをするとは想像もしていなかった。そんなことがおこなわれていたとは知らなかった私が店に行き、何気なくその襦袢地に目がいき、

(あれっ?)

と思ったのと、店の人がそそくさと反物を隠したのはほとんど同時だった。

素直に、

「柄がよかったので、襦袢を作りました」

と明るく言ってくれれば、まだこちらの気持ちも違ったと思うのに、こそこそされて不愉快だった。これでは誂えでも何でもない。顧客が柄を選んで誂えた着物と同じ柄を使って襦袢を作るなんて、店の姿勢としてちょっと信用できないなと、おつきあいをやめた。

私だけだったらまだしも、なるべくならと何人もお客さんを紹介したことも不安になった。聞いてみると、ほとんどの人は問題はなかったが、最近紹介した母親の友人が、注文した襦袢の丈が違っていたと聞き、申し訳ない気持ちでいっぱいだった。人間、誰しも間違いがある。それはわかっているけれども、あまりに何度もやられると、信用できなくなってくる。客が店を育てるとよくいわれるが、この件に関しては、それとはちょっと違うような気がしたので、長い目で見ないで、さっさと失礼した。

たまたま私にトラブルが重なったのかもしれないし、お店とは相性があるから、私が不愉快な思いをしても、何事もなく関わり合える人もいるので、店の話はまったく私の個人的な問題である。どの店とも関わりがなくなったのは、私に責任がある。人の性格なんて、本人がよっぽど自覚しない限り、簡単に直せるものではない。私が店主を信用しすぎたのが間違いだった。甘え体質の相手の悪い面を助長させてしまった。結局私は、個人商店三店で見事、玉砕した。

「だから、距離を置いてつきあわなくちゃいけなかったのに！」

齢《よわい》五十近くなって、やっと身にしみてわかった。店のペースで物を買わされてはいけない。客が店を選ぶもので、店に選ばれる客になっては、のちのちトラブルのもとになるのだ。

初めの一歩はデパートの呉服売場で

着物に興味がある世の中の女性が、いったいどこで着物を買ったらいいのかと迷うのは当然である。私のように十代から着物を買っている人間でもそうなのだから。だいたい彼女たちにとって呉服店は敷居が高い。私も銀座の老舗《しにせ》呉服店に、のっけから足を踏み入れる勇気はない。着物の雑誌を見れば、どこの店でどういう品物を扱っているかはわかるけれども、そのほとんどに値段は明示されていない。有名ブランドの洋服、宝飾品、毛皮など、いくら高価な商品でも、参考作品以外は、雑誌に必ず値段が掲載されている。何百万円クラスのものでもきちんと記載されている。それがどうして着物ではできないのか。

「着物は店の言い値が値段になる」

という嘘か本当かわからない噂も、きちんと雑誌で反物《たんもの》の値段を表示しない現実では、

「そうなのかも」

と勘ぐりたくなってくる。もちろん呉服店がすべて悪いわけではない。客の立場に立って親切にしてくれる店もたくさんあるだろう。ただ私の考えとしては、やはり呉服店というのは昔からの日本のいやな部分をひきずっている業種だと思っている。曖昧《あいまい》、なれ合い、持ちつ持たれつ……。

「あなた様にはお安くしておきます」

　などと小声で言われたら、

「じゃあ、本当はいくらなんだよ」

　と言いたくなる。Aさんには安く売り、Bさんには正札どおりに売る。自分が安く売ってもらっても、釈然としないものが残る。どうもすかっと爽《さわ》やかというわけにはいかない。だから若い女性から、

「どこで買ったらいいでしょうか」

　と相談されても、個人商店で玉砕している私には、ほとんどアドバイスできる言葉がなくなってきた。「店の人が怖い」「値段がわからない」となっては、いくら着たいと思う女性たちがたくさんいても、二の足を踏むのは当然だろう。私みたいに着物ぐらいしか楽しみがないおばさんは別にして、若い女性は洋服も欲しいし、旅行もしたいし、ほかにもお金を遣いたいところがたくさんある。そういう人には、とっかかりとしてやはりデパートがいちばんいいのではないだろうか。まず気楽に見られること、値段が明示されていることである。店員さんが声をかけてくれるだろうから、もしただ見ているだけだったら、

「いつか着物を買いたいと思っているので、ちょっと来てみました」

　と言えば、たいていの場合、喜んで、

「どうぞごらんください」

と言ってくれるはずだ。その人が感じがよければ、あれこれ質問してみたり、デパート主催の展示会やセールのお知らせを送ってもらえないかと頼んだら、快く応じてくれると思う。もし店員さんが感じが悪く、売り場の陳列品にもぴんとこなかったら、そこへ行くのはやめたほうがいいかもしれない。とにかくデパートのいいところは、予算に応じて着物も帯も選ぶことができることだ。もちろん常識的な範囲ではあるが。個人の店だと、

「うちの店はそんな安物は置いてない」

とか、ずいぶん前に雑誌で見たが、著名人を顧客に持つ店主が、

「オリジナルの染め帯を見せてやると、お客が喜びますね」

と語っているのを読んで、

「なんと、傲慢《ごうまん》な」

と腹が立ってきた。客に対して「見せてやる」とはどういうことだ。粋人などと紹介されていたが、

「どこが粋人だ。こんなえばったおやじ」

と不愉快で仕方がなかった。店主のなかにはそんな暴言を平気で吐く輩《やから》もいて愕然《がくぜん》とするけれども、デパートではそんなことはない。個人商店は洋服でいえばブランド店みたいなもので、

「あそこの店で買っている私」

という自己満足はある。個人商店特有のオリジナルものを身につける楽しみもあるが、デパートの場合は、個性的なものは少ないかもしれないけれども、自分が創り出す、自分自身のコーディネートができる場でもある。だから洋服と同じように、自分の手持ちの着物や帯を頭に入れて、気に入ったものが目に入ったときに買い、自分でコーディネートする買い方ができれば、いちばん楽しい。

着物選びは「意志を強固に」

雑誌などで見て、個人商店で着物を買いたいと思ったときは、まず店に電話をしてみることをすすめる。だいたい電話で雰囲気はわかるものである。もしも買う気であれば予算を伝えるとか、買う予定がない場合は、ただ見るだけでもいいかとか、問い合わせてみたらどうだろうか。

お店と相性が合って、信頼関係が築ければいいけれども、そうでなかった場合、また最初はよかったけれど、だんだんあれこれすすめられた場合、「きっちり断われる」ことが大切である。相手がどんなに不愉快そうな顔をしても、

「これはいらないです」

と言える強固な意志があれば、怖いものはないが、なかなかそうはいかないものなのだ。

店の経営がうまくいっていなければいっていないほど、客に対して圧力がかかってくる。ただ、自分でお金を払っておいて、

「無理矢理に買わされた」

とは思わないほうがいい。どんな状況であっても買うと決定したのは自分だからだ。

個人商店は店主の好みが表われるけれども、何の商売も同じだろうが、店主のテンションが落ちてくると、それと正比例して店の商品も見事にグレードが落ちてくるので、そのへんのことは知っておく必要がある。

すぐに買う予定はないけれども、着物をいつか買いたいという人には、なるべく数多く着物を見ることをすすめる。デパートでも展示会でも、また美術館でおこなわれる着物の展覧会にも足を向けることをすすめる。展示会には豪華な着物が並べられていて、頭の中でたくさんの数字がくるくる回るけれども、やはりいろいろなものを見ておくのは勉強になるものだ。もちろん買う気がなければ、すり寄ってくる人々に、

「今日は見るだけなので」

を念仏のように唱える。もし触ってもかまわないようであれば、触ってみたほうがいい。何でも経験である。

「どうせ自分はこんなに高い着物は買えないから」

などということは関係ない。買うとか買わないの問題ではなく、自分の目、手、そして

脳に覚えさせておけばいい。どうしてこの着物が高価なのか、見て体で覚えれば、きっと着物選びのときに役に立つのは間違いない。自分の買える範囲だけのものばかり見ていると、趣味が貧乏くさくなってくるので、なるべくいいものはたくさん見たほうがいい。高価でもどひゃーと言いたくなるほど趣味が悪くて、絶対に欲しくないもの。値段はそここでも、とても感じのいいもの。いろいろとわかって、たくさん着物を見るのはとても楽しい。

あるとき、何も買う気はないけれども、友達に誘われてある展示会に行った。著名な作家のかたの訪問着が衣桁《いこう》にかけてあったのだが、私が以前、見たものと、特徴のある柄行《がらゆ》きは似ているけれどもタッチが違っている。おかしいなと思って、詳しい人に聞いたら、

「ご本人は今、ご自身ではもう作品を作れない状態ですから。あれはお弟子さんがなさっているんです」

と言う。ご本人ができないのならば、偽物ではないかと言いたくなるのだが、それが本人作として展示されている。相当な値段の訪問着にもそんなからくりがある。万が一、買った人はお気の毒である。まあ、見る目がなかったといえばそれまでだが、それが偽物であれ本物であれ、本人が納得して買えば、それでいいのである。が、こういうこともなかにはあるのだと承知しておくほうがいい。

とにかく最初に着物を買うときには、予算に関しては、

「意志を強固に」

が鉄則である。私のようにやくざな商売は別だけれども、ＯＬや主婦の人はどうしても予算が限られているので、無理はしないほうがいい。あとで苦しくなって、

「着物を買ったから、こんなふうになった」

となったら、本人も着物もかわいそうだ。

予算内で着物と帯が見つかればいちばんいいが、もしも気に入った着物、帯があって、片方で予算がいっぱいになってしまったら、すぐに着なくても我慢できる場合、片方はまた余裕ができたときに購入したほうがいい。どうしても予算内ですべてを揃えたいというのなら仕方がないが、そうでなければひとつずつ、予算ぎりぎりで買っていったほうが、妥協して無理に揃えるよりも、後悔する可能性が少ないからだ。そしてプロのアドバイスは聞いたほうがいい。ただ、なかにはとんちんかんなセンスの人もいるから、その場合は、自分の意見を押し通したほうがいい。着て行く場によってふさわしい装い方があるので、それをふまえたうえでの話ではあるが。

着物の第一条件は「とにかく気に入ること」

何とか呉服店がみつかったとしよう。次は何を買うかである。

「いったい何を買ったらいいですか」

というのもよく聞かれる質問だ。

「それは好きなものを買えばいいんじゃないの」

と答えるのだが、

「でも、本を読むと色無地《いろむじ》がいいとか、書いてあるんですけど」

と言う。どうやら、

「この着物が欲しい」

と切実に望んでいるわけではなく、ややもやっと何となく着物っていいな、欲しいなと思っている人も多い。目の前にあれば、

「ああ、こういうのが欲しい」

と現実的になるが、ただ頭の中で考えていても、わけがわからなくなるのは当然であろう。洋服の場合、

「スカートが欲しい、シャツが欲しい」

と店に買いに行く。そこであれこれ見て、気に入った物を買うわけだが、着物の場合はそうはいかない。あいまいに考えていると、店の人に、

「どんな場所にお召しですか？」「どのようなお席ですか？」「何月ですか？」「お稽古事《けいこごと》はなさってますか？」「ご予算はいかほどで……」

などと矢継ぎ早にたずねられ、

「あわわわわ」

とびっくりして、エビのように後ずさりするのが関の山だ。デザインや柄が数限りなくある洋服のほうが、デザインは統一されている着物より、選ぶのが大変そうな気がするが、じつは反対だ。デザインを考慮する必要がない着物のほうが、選ぶのがむずかしいのである。ただ漠然と、

「着物が欲しいなあ」

と考えている人が、のっけからあれこれ聞かれたら戸惑うだけだろう。たとえばお茶のお稽古をしているとなったら、色無地は必要不可欠なものだ。しかし若い人でそのような用途がある人を除いたら、一枚目の着物として色無地が必要な人って、ほとんどいないのではないか。それなのに呉服店では、

「やはり色無地を……」

とすすめるところが多いと聞く。どんな帯でも合うからと、言われるままに買ったはいいが、友達との食事会に行くのには、きばりすぎて合わないような気がするし、下手をすると仲居さんにみえてきたりする。そしてもったいないと思いつつも、タンスの中で醗酵《はっこう》させてしまうのがオチなのだ。

前述のように私は高校生のときに十日町紬を買ったが、次にすすめられたのは色無地だ

った。ところが私はこの色無地に一度も手を通さなかった。色自体は柿色《かきいろ》で地味とは思えなかったが、いかんせん柄がないので、どう見ても、おかっぱ頭のアルバイトの仲居さんにしかみえないのであった。そしてそのまま何年も放《ほう》っておいて、しばらくぶりに出してみたら、ものすごーくみすぼらしくなっていた。着なかったので色無地もがっくりしたのか、しゅんとしている。着物じたいに元気がなく、貧乏くさーくなっていた。もっといい生地で誂《あつら》えていたら、こんなことにはならなかったのかもしれないが、それは母親が買ってくれたもので、当時の彼女の財力ではそれが精いっぱいだったのだ。とてもじゃないけど着る気になれないので、

「縫い直して襦袢《じゅばん》にしたら」

と実家に送ってしまった。そのときに、色無地は若いうちはあせって誂える必要がないということと、やはり生地はいいもののほうが、のちのちを考えると買い得だということを知ったのである。

具体的にどんな柄の着物といえなくても、着物を着て、どのような雰囲気にしたいかというイメージはあるだろう。洋服と同じような感覚で、街着で着たい人には紬《つむぎ》がいいだろうし、女らしくひらひらっとした感じがいいなと思う人は、小紋《こもん》が向いているかもしれない。せっかく買うのだから、自分がそのときにいちばん着る可能性がある着物を買うのがいい。わざわざ働いたお金でタンスのこやしを買う必要はないのだ。そうなると店に行っ

て、予算と相談して柄を選べばいいだけである。小紋だったら華やかなもの、小柄でおとなしい感じのもの、場所は選ぶけれども柄行きによっては友人の結婚披露パーティに着て行けるようなものだってある。紬も私みたいにのっけから大物に手を出すと、かえって気がひけて着る機会をのがし、着たくなったときには、「どてら」と言われたりするようになるから、そのときに顔映りのいいものを選んだほうが利用価値が広がる。

とにかく自分が気に入ること。これが第一の条件だ。自分が気に入ったものは自信をもって着られるし、着るたんびに楽しい。私は着物の趣味が自分とは違っても、楽しそうにうれしそうに着物を着ている人を見るのはとても好きだ。

「ああ、いいなあ」

とこちらもうれしくなる。そして自分で気に入って選んだそういう着物は、これからもずっと着つづけたいと思うはずだ。柄が派手になったら、羽織にするとかコートにするとか、また小紋だったら帯にするとか、いろいろと繰り回しができる。自分のお金で買った着物が、形を変えたとしても、ずっと手元に残るというのは、とても大切なことだと思う。

インターネットでも買える最近の着物市場

最近は古着も人気があるようだが、私は買ったことがないので、この件に関しては何も言えない。値段を見ると正絹でも値段が安い。意匠も面白いものがあるから、色柄を楽しむにはうってつけだろう。私は古い着物の柄行きを見るのは大好きなのだが、自分が着るとなると、ちょっと違うなという感じがする。新しいものでアンティークふうのコーディネートをするほうが好きだ。もともとお嬢さんふうの華やかさではなく、無地や格子や縞《しま》といったねえや系の着物のほうが好きだということもあり、わざわざ古着を買わなくてもいいかなと思っている。

華やか系の花柄や大胆な意匠が好きな人は、古着かアンティーク柄を模した洗える着物で楽しめばいいだろう。仕立て上がりで並んでいるわけだし、洋服感覚で買えるところが気軽でいいし、最近は販売店も増えて、若い店員さんが接客をしてくれて、ねっとり感覚がなさそうなところも、すっきりしていていいのかもしれない。

最近は洗える着物の意匠も凝ってきたが、私はそういったポリエステルの着物には今までまったく興味がなかった。あれは着物の形はしているが、着物ではないと思っていた。着物は新しいものをばんばん買うのが醍醐味《だいごみ》なのではなく、買ったものにしろいただいたものにしろ、そのままでは着る機会がないとなったときに、仕立て替えたり、染め直したりするところがいいのに、洗える着物にはその点が欠落しているからだ。いいところ、雨コートにするとか、雨の日でも平気で持てる買い物袋にするくらいしかないのではないだろうか。昔は繰り回された着物の最後の最後は「布を焼いた灰」で、それを洗濯に使っていたそうだ。今はもちろんそんなことはしないけれども、どうもポリエステルの着物は「着捨て」のイメージが強い。

ずいぶん前になるが、いちばん最初にハンガーに掛けて売られている、いわゆる「プレタの着物」という洗える着物を見たとき、本当にびっくりした。それから「ニューキモノ」ブームが起こった。茶色、グレー、黒など、色合いのことをあれこれ言う人もいたが、私には若い女性たちがああいう地味な色にとびついた気持ちがよくわかった。自分がそうだったから。ふだん着慣れない色には手が伸びなかったのだ。しかし今、当時のニューキモノを着ている人っているんだろうか。紬にも茶色、グレー、黒といった色合いはたくさんあるが、その寿命は長い。当時のニューキモノがあっというまに売れ、あっというまにどこかに行っちゃったのも、絹物ではない素材のせいだったのではないかと思うのだ。

正絹の着物は手入れをしなくてはいけない。そのたびに費用がかかる。雨の日に着るには縮むおそれがあるので、揃えなければならない雨コートやら、小物もある。

その点、ポリエステルの着物は雨が降ろうが雪が降ろうが、縮みや汚れを気にせず着られて、汚れても丸めて洗える。着物の形をしたものが、洗濯ネットに入れられて、洗濯機の中でぐるぐる回っているのを想像すると、正直いって頭が痛くなってくるのであるが、手軽という点だけでいえば、ポリエステルは正絹より勝っている。デパートに行くとポリエステルの反物《たんもの》も置いてあるので、どんなものかと見てみたが、さすがに化学の進歩は著しく、かつてはひと目でそれとわかったのが、最近のは見ただけではよくわからない。多少、柄出しがぼんやりしている感じはするけれども、それでもじつによくできていて感心した。

知り合いの年上の女性が、夏に紗紬《しゃつむぎ》の着物を着ていた。

「素敵ですね」

「これ、洗える着物なんです」

傍目《はため》にはまったくそうは見えない。

「とても涼しげでいいですよ」

「でも着ている本人はとても暑いの」

と汗を拭《ふ》いている。合繊の下着などには、汗の放出が綿よりも多くて、涼しいものもあるようだが、彼女の話によるとポリエステルの着物は、

「夏暑くて、冬寒い」

ということだった。

夏場に着物を着たいと思っても、着るたびに手入れをするのは、正直いって大変だ。私も何度か夏に着物を着たことがあるが、汗じみが心配なので、麻の襦袢はすぐに手洗いし、着物は手入れをしてもらう。そのたびにお金はかかる。手頃なポリエステルの着物一枚分の費用はかかってしまうのではないか。

正絹の着物を持つということは、たとえていえば車を持っているようなものだ。生洗《いけあら》い、仕立て直しなど、メンテナンス費用が必要になってくる。それは維持費として必要なのだ。しかしポリエステルの着物は、着ている本人が我慢できれば、洗濯機で洗っておしまい。車に比べたらこっちは自転車みたいなものだろうか。柄を選べば見るからに安っぽいという感じもないし、枚数が必要な人や日常的に着物を着る必要がある人は、それもまた便利なのだろうと、考え方が少し変わってきた。それでも私は、とりたてて欲しいとは思っていなかった。

ポリエステルの着物は仕立て上がりのものが多く、取り扱いも店とのつきあいも簡便なのが気楽なのだろう。呉服店でのつきあいが面倒くさいと、最近はインターネットで着物を買う人が増えているようだ。呉服店とはいろいろあった私でも、

「インターネットで買うの？」

と首をかしげていた。かつて通販がうさんくさいものといわれ、近ごろそれが払拭《ふっしょく》されたのは事実だが、インターネットで着物とは……。これまで私もインターネット通販を利用したことはある。日用雑貨やTシャツ、チノパンツなど普段着は買ったことはあるが、着物は想像もしなかった。それこそ着物のインターネット通販があるという事実は、自分の目で反物を見て触って買うものだという観念を覆された。なんて大胆な人たちがいるんだろうとも思った。

しかし自分で何もしないで文句を言うのも何なので、実際に検索してみると想像以上にたくさんのホームページがある。商品の数も多く、ついつい見てしまった。さすがにのっけから大物を買うのは怖いので、どうせ試しに買うんだったら、今まで買ったことがない、洗える着物を買ってみようと決めた。万が一、失敗しても、

「あちゃー、やっちゃった」

ですむような気がしたからだった。

呉服店のホームページを見ると、正絹だけではなくやはり手頃な洗える着物も数多く掲載されている。インターネットを利用するのは若い人が多いので、そういう品揃えになっているのだろう。

「なーるほど」

とうなずきながら見ていくと、一枚の着物が目にとまった。焦茶色の地に雪輪《ゆきわ》の柄の紬風の着物だ。雪輪という季節限定の柄なので、売れ残っていたのかもしれない。これだったら万が一気に入らなくても冬場の雨コートにすればいいと、MとLの二サイズのうちMを注文した。それと合繊の袖《そで》がついた「うそつき襦袢《じゅばん》」(二部式の襦袢。身頃はさらしで、袖と裾除《すそよ》けが別布になっている)。ポリエステルの帯はずるずるしそうだったので、いちおう着物だけを注文した。

すぐに丁寧なメールが来て、三日後に着物は届いた。

「早い……」

とにかく頼んだ着物が三日で届く経験などないので、あっけにとられた。いくら洗える着物といっても、やはり手元に届くとちょっとうれしい。しかしいざ着物を広げてみてがっかりした。表の生地はいいのだが、裾回しに紫色がつけられていて、これがまたいやな感じに、ポリエステルのてかりのある光を放っていたのである。

「洗える着物は柄がある場合はいいが、無地の場合は色によっては生地の安っぽさがごまかせない」

ひとつ勉強になった。早速、どんなもんかと羽織ってみたら、ひんやーりする。普通、着物を羽織ると、ふわっと温かいものだが、それがひんやーりするのである。季節が二月だったこともあり、私はひやひやする感触の着物に包まれ、

「若い人はいいかもしれないけど、おばちゃんには、ちと冬場はつらいかも」

とつぶやいた。寒くないように下着を工夫すればいいのかもしれないが、わざわざそんなことをしてまで着る気はない。おまけに静電気がひどく、静電気防止用のスプレーが必要になる。私はあの匂いを嗅《か》ぐと頭が痛くなってくるので、洗える着物を冬場に着用するのは断念したのであった。

買い物一発目は、

「やっちゃった」

だったのだが、これでめげてはいけない。この経験を活《い》かし、また別の洗える着物を探した。春先の日によって汗ばむ季節や、雨の日用に一枚あったら、便利ではないかと見ていると、明るい辛子色の地に細い縞《しま》が入った柄を見つけた。裾回しは表地の地色と同色で値段は一万二千五百円。それに合わせて、ポリエステルの黒地の名古屋帯も注文した。値段ははっきり記憶していないが一万五千円くらいだったろうか。食事のときなど、帯が汚れる場合も多いので、一本あったら使えるかもしれない。

そしてまた注文して二、三日で商品が届いた。今度は大正解だった。やはり洗える着物を選ぶときは、裾回しの色がポイントになるようだった。前の紫色のときは、

「うわー、安っぽい」

という感じだったのに、辛子色だとまったくそういうことはない。二枚とも値段は変わらないのだ。帯ももちろん正絹とは違うけれども、安っぽい感じはしなかった。

「なるほどねえ」

私は感心した。欲しいと思ったら在庫がある限りすぐに着物が手に入る。食べ物には「早い、安い、うまい」を売り物にしているものもあるが、ポリエステルの着物も「早い、安い」は間違いない。三番目の「うまい」の部分は、その人の判断によるだろう。安いからそれでいいと言う人もいれば、いくら安くてもいやだと言う人もいるだろう。私の場合は、ポリエステルの着物は一枚はあってもいいが、何枚も欲しくはないといったところだ

ろうか。その後、ポリエステルの半幅帯《はんはば》を買ってみた。正絹の帯ではない柄行《がらゆ》きが面白い。試しに締めてみたが、さすがに正絹のようにきゅっとは締まらないが、ずるずるとほどけるようなことはない。柄を楽しむには充分だった。

ウール着物の隠れ家、ポリエステル着物の必要性

その後、インターネットでウールの着物や半衿《はんえり》も買った。ウールは一般の呉服店ではほとんど扱われなくなった。私は普段に着るのだったら、ポリエステルではなく、木綿やウールの着物、薄物の単衣《ひとえ》の時期だったらポーラ（撚《よ》りの強い毛糸の平織。通気性にとむ）がいいと思っているのだが、街の呉服店ではほとんど見かけない。浅草の呉服店で何反か見たくらいだろうか。薄手のものにはナイロンが四パーセントくらい混ざっているものもあった。あれだけ昔のお母さんたちが着ていたウールの着物も、あちらこちらを探さないと見あたらなくなってしまった。もちろんデパートには売っていない。それがインターネットの呉服店では扱われていたのだ。まさに、

「こんなところに隠れていたのか」

という感じである。

ところが人気が高いのと、生産量が少ないせいなのか、すぐに品切れになってしまう。

ホームページをこまめにチェックして、

「これだ！」

となったら、すかさず購入しないと、いつまでたっても手元に届かないはめに陥る。全体的にどれくらい販売数があるのかわからないが、ウールは新潟や関東近県で織られているはずだから、デパートでも小売店でも、

「うちに来れば、ウールもポーラもたんとありますよ」

というような太っ腹の店ができないものだろうか。そうなったら喜んで見に行きたくなるのだが、利が薄いだろうから、商売となったらなかなかそうもいかないのだろう。

もちろん呉服店側の問題だけではなくて、買う側の問題も大きい。着物がハレのものになってしまって、普段着が売れなくなり、売れなくなるから店は置かないし、欲しい人は買えずに、着物を着たいけど我慢している。そこにすすっと登場したのが、ポリエステルの着物だった。実際、着物しか着ない私の小唄《こうた》の師匠が、呉服店の年配の店員さんに、

「ウールは見かけなくなったわね」

と言ったら、

「今の人はみんな、洗える着物を欲しがるものですから」

と答えたという。ウールはクリーニングができるし、家で手洗いも可能だ。洗濯機のネットにいれて、ぐるぐるまわすことはできないけれども、冬場はポリエステルのようにひ

んやりしないし、とてもいい着物だと思うのだが、世の中にはほとんど出回っていないのである。

インターネットのおかげで、多くの情報が取り込めるようになった。私もあちらこちらの呉服店に行き、

「ウールはないですか」

と言っては、あっさりと断わられていたのに、数は少ないながらも、インターネット呉服店にはある。これは私にとってポイントが高かった。最初のポリエステルの着物は裾回しが問題ありだったが、その後、インターネットで買ったどの商品にも私は納得した。しかし五千八百円の半幅帯は失敗した。画面の写真のほうが本物よりもはるかによく写っていて、それを見抜けなかったのだ。

人気のある呉服店のホームページは大盛況である。どれだけ実売があるのかは知らないが。

最初、「インターネットで着物なんて」と考えていたが、「これは利用者が増えるのも当たり前だ」と考え方を改めた。

それがいいのかどうかは別にして、怖い店員さんと顔を合わせることもなく、つきあいができても妙なねっとり感もない。

(品物を見せられたけど、買わないといけないのかしら。でもこの人は私に売りたいのよ

ね、でもお金はないわ。どうやって断わろうかしら）

反物《たんもの》を前にして、あれこれ頭の中で考えるのも、けっこう、客にとってはストレスがたまるものだ。それから解放されるだけでも、このシステムはありがたい。すべてこちら主導で事が運べる。呉服店の信頼できる人々のアドバイスには耳を傾けるべきだけれども、相手のペースで買ってはいけないのである。

インターネットは店からのお知らせメールは来るけれども、勧誘の電話などはかかってこない。人間関係にわずらわされることなく着物が買える。正絹の品物の場合、洗える着物よりも高価になるので、なかには購入希望を伝えると、いったん現物を送ってきて、それでよければ仕立てに回すという方式をとっているところもある。

ただいずれにしろある程度、着物を見ている人でないと、現物を見ないで買うのは冒険かもしれない。まだ着物を買った経験がない人には、画像だけでは判断できない部分も多い。だからどんなものでも、たくさん見ておいたほうがいいのである。いくらポリエステルの着物は値段が安いといっても、着なければもったいない。仕立て上がりで返品できればいいけれども、仕立ててしまうと返品はできなくなるだろうから、その点は気をつけたほうがいい。

着物だけでなく半衿も、店それぞれで品揃えが豊かだった。小紋《こもん》ふうの柄、個性的な柄、正絹のものはそれなりに値が張るけれども、面白いものも扱っていた。それは地方の店だったりするのだが、地方の店で扱っている商品を見られるのも、インターネットならではだ。もしかしたら普段の着物に関しては、東京よりも地方のほうが充実しているのではないだろうか。ウールを織っている地元の呉服店では、たくさんウールを扱っているのかしらと、いろいろと興味はつきないのだ。

私はアトピーではないが、軽いアレルギーがあるので、ポリエステル系を端《はな》から毛嫌いしていたが、実際に着物や帯を買ってみて、それぞれに用途、良さがあると思うようになった。とくに半衿、半幅帯などは正絹にはない意匠のものもある。アンティークの柄を写しとったものなど、現在では正絹で復元となると、とんでもない値段になるか、そこそこの値段がついて大量生産になる。そこそこの値段で買ったのに、同じ物を持っている人が多いのはちょっといやだ。それだったら値段が安いポリエステルを買って割り切ったほうが、合理的なのだろう。

なかにはポリエステルの着物でも、けっこうな値段がついているものもあってびっくりさせられた。そこの店ではポリエステルの着物の誂《あつら》えを受け付けていると聞いた。いわゆるプレタの着物だ。お稽古事《けいこごと》の関係で、その店で全員お揃いの着物を誂えることになった人に聞いたら、生地はぺらぺらではなく、どっしりしているのだが、なんだか中途半端な感じだったと言っていた。私が考えるに、ポリエステルの着物はお値段的にも手入れも、すべて気楽でなくては意味がないのではと思う。

若い人がポリエステルの着物に関心をもつのは、値段だけのことではない。若い人は私の世代と違い、幼いころからたくさんの色、柄、デザインを見て育っているから、求める柄が多様化している。昔の着物のように普段から多種多様の意匠を楽しんでいたのと違い、今は変わった感じのものは、誂えるか清水《きよみず》の舞台から飛び降りて足をくじいたような気持ちになって買うか、美術館で見るしかないといった感じで、おいそれと手に届くものではない。しかしポリエステルの着物ならそれが可能だ。いくらだって柄はプリントできるし、色出しだってできる。もちろんちゃんと手順をふんだ正絹の足元にも及ばないが、そういった柄は若い娘心を見事に誘惑するのだ。

「その値段で、木綿の着物が買えるでしょう」

と言ったって、

「だって、自分で買える範囲の木綿や正絹の着物に私の好みの柄なんかないんだもん」

と言われたらそれまでだ。素材よりも今の若い人は色、柄なのだ。洋服でもそうだが、体力がある若い人は多少の素材の悪さも気にしないで着ることができる。だけど歳をとると着心地重視になる。

古着の着物にも人気があり、たしかに意匠は現代にないものがほとんどだが、サイズの問題もあって、みんながみんなそのまま着られるわけではない。手軽に気軽に着物を着たいという若い人にとっては、ポリエステルの着物は必要な物になっているのだろう。

インターネットで着物を買ったり、若い人が「プレタの着物」のほうに関心をもってしまうことを、呉服店は考えたほうがいい。八万円の反物を十反売るよりも、八十万円の反物を一反売ったほうが楽。そんなことをしつづけたからこそ、しっぺ返しがきたのではないか。着物は日本の文化うんぬんなどという大それたことを言う気はないが、好きで着ているものが、なくなってしまうのは悲しいし、今まで職人さんや織り子さんなど、一生懸命に黙々と仕事をしてきた人々の仕事がなくなってしまうのも気の毒だ。きちんと手順を経て織られた紬《つむぎ》類に、どれだけ人の手がかけられたかと思うと、気が遠くなってくる。だいたい着物を作っている人たちに渡る報酬なんて、問屋や販売店が得るお金よりもずっと少ないはずだ。日本は手仕事をする人々に対してだんだん冷淡になり、尊敬もせず関心ももたなくなった。

「いい仕事してますねえ」

というのが流行《はやり》言葉になったけれども、ものの値うちのわかる目をもつ人も少ない。どういうふうに作られたものか関係なく、派手だとか目立つといったことが重要視される。目立たないけど良い物などという感覚は、若い人はほとんどもっていない。とにかく柄行《がらゆ》きで「目立ちたい」が優先する。

私自身は着物というのは基本的に秘《ひそ》かな楽しみがあるからこそ、楽しいのではないかと思っている。遠目から目をひかなくても、そばに寄ったときに、襦袢《じゅばん》が華やかだったり裏に凝っていたり、小さな帯留めに意匠が凝らされていたりするのが、お洒落《しゃれ》なのではないかと思っているが、人それぞれの好みがあるから、むずかしいところではある。ポリエステルの華やかな柄の着物を着て、うれしい気分になる人もいるのだから、それはそれでよしとしなければならないだろう。

若い人は仕方がないけれども、年配の人でも、何でも安ければいいという人がいる。もちろん無駄にお金を払う必要はないが、ある程度の物には、それなりの金額を支払うべきなのだ。それによって少しでも職人さんや織り子さんが潤うのなら、多少なりとも人助けになるのではないだろうか。昔はお金持ちが贅《ぜい》を尽くして、自分も含め、奥さんや娘さんたちに刺繡《ししゅう》や染め、織りを特注して、素晴らしい着物を誂えた。今はただの古着もアンティークの部類に入ってしまったが、本当のアンティークといえるそのような着物は、本当に素晴らしい。

「よくもまあ、ここまでの手の込んだ刺繡を……」

と呆然《ぼうぜん》としてしまうこともある。お金のない人はそれなりにお金を遣い、ある人はあるなりに遣っていた。それで経済は潤っていたし、腕のいい職人さんはそれによって生活が保障された。平均寿命は今よりずっと短かったのに、誂えてからできあがるのを、ずっと楽しみに待っていたのだ。

でも今はそうではない。「すぐに、楽に、安く」いつからかそれが優先されてしまった。

食べ物にはスローフードが取り入れられはじめているが、他の分野においても、そろそろそういうことを考えたほうがいいのではないか。そしてお金にゆとりのある人は、ケチケチしないで、それなりにお金を遣ってほしい。私は作家物のコレクターではないし、希少価値のある物にとびつくタイプではないが、それが気に入ったら、自分の手の届く範囲だったら、多少、値が張っても買うことにしている。ウールでも大島でも結城でも、好きなものは好き。でもやはり手がかかった物は違う。

ポリエステルの着物も、現代には必要なものだ。だけど、「安くて手軽だから」というだけで買うのはちょっと悲しくはないか。

ヨーロッパでは身につける物のとらえ方が、日本の着物と同じだ。お祖母《ばあ》さんの、お母さんの服を直して着ていたり、バッグや小物も譲ってもらったのを身につけていたりする。代々女性に受け継がれているアクセサリーがあったりする。それはまさしく日本の着物と同じような感覚だ。しかし日本人は着物を着ていたのに、途中から洋服化がはじまって、着物の伝統を忘れてしまい、妙な具合になってしまった。

ポリエステルの着物を着るということ

私が二十代のころは、ちょっと奮発すると、まだスカートの裾《すそ》やジャケットの袖口《そでぐち》が手

でまつられている洋服があったものだった。ミシンでだーっと裾上げがされている服なんて、

「雑な仕事ね」

「値段が安いからしょうがないわよ」

と言っていたのに、今はそこそこのブランドのものでも手まつりなどされておらず、ミシン仕上げだ。だから一か所の糸が切れると、だーっと縫い目がほつれてしまう。ボタンもとれやすい。手をつかう技術など、オートクチュールにしか残っていないのではないかと思うくらいだ。値段の手頃な着物は、直線部分をミシン縫いしているものも多い。物によってはそのほうが丈夫になっていいのだろうが、何でもかんでも着物をミシン縫いにしてしまうというのは悲しい。とにかく人件費の削減が目当てだし、買うほうも縫い賃が高いからと敬遠する。きちんとした和裁士さんは、大安《たいあん》の日にしか反物《たんもの》に鋏《はさみ》を入れないという。入れるときも、

（どうぞ、失敗しませんように。お客様が喜んでくれますように）

と神様にお願いするのだそうである。やはり自分の仕事に誇りをもって腕もあり、日々、針を持っている仕立て屋さんには、少しはお仕事がまわるようにしてあげたいものだ。

質はともかく安い洋服を流行に合わせて着捨て、次から次へと雑誌の情報に踊らされてとびつく。たしかに目先の新しいものを買うのは、ストレス解消になるのは事実だが、人

間の精神状態として、それってまともなのかと言いたくなる。

いつも安物しか見ず、安物しか持たず、となったら当人も良い物を見る目など養われないのではないだろうか。だから自分がたとえ買えなくても、なるべくたくさんのいい物を見てほしい。買い物を一つ我慢して、美術館へでも博物館へでも行って見てもらいたい。

ポリエステルの着物を着ていても、素敵だなと思う人は、必ず正絹の着物も着ている人だ。ただ安いからといって、ポリエステルの着物だけを買い続けるのはどうだろう。一枚でもいいから、正絹か木綿など天然素材の着物を持ってほしい。

ポリエステルの着物は、クローゼットのハンガーにかけられるから楽だというけれど、どうして着物の畳み方くらい、覚えようとしないのか不思議だ。天然素材の着物を着る前の準備段階、あるいは応用編としてポリエステルの着物が存在するのは賛成だが、そればかりになるのは大反対だ。

「私はポリエステル着物の華やかな色出しと、手軽さが好きで、正絹の着物なんか買う気がない」

という人はそれはそれでいい。各人の好みである。しかし最初っから、

「ポリエステルの着物が欲しいなあ」

と思う人っているんだろうか。「着物」と頭に浮かんだときにあるのは正絹の着物なのではないだろうか。しかし手入れ、値段、用途、好みとか、もろもろの要素を考えて、結

局、ポリエステルになってしまったのではないか。それだったら、少し我慢していつかは正絹か木綿など天然素材の着物を買ってもらいたい。

着物が日常着ではなくなってしまってからは、ポリエステルの着物は、間違いなく必要な物になっている。だけど楽だから、簡単だから、安いからというだけで買い続けるのは感心しない。

私個人としては、逆に便利な着物はつまらないと思うので、洗濯機の中でぐるぐる回せるような着物は一枚だけでいいと思っている。

きものコレクション

動物モチーフの帯 2

栗鼠

（部分拡大）

川島織物の名古屋帯。
迷路にドングリが置いてあって、
それを栗鼠が探しているという図。
今までに持っていない、
明るい感じのものが欲しくて買った。
川島織物の十万円台の帯は
生地が良くて締めやすく、
本当におすすめ。
表に出る部分以外の柄を
減らすなど、コスト削減の
努力もしているので、値段もお手頃。

復刻柄の鳥

伊勢丹の展示会で購入した、
モール織りのような、
少しボリュームのある織り方の袋帯。
出会った瞬間にこの帯しか
目に入らなくなり、即座に購入。
私にしては珍しいことである。

復刻柄の鹿

これも川島織物。
正倉院の羅織りをもとに、
糸から染め、織り、模様まで、
当時のものを復元した一点ものの帯。
おしゃれ用なので、わかる人にしかわからない。

群ようこのきものでおしゃべり　2
平野恵理子さん（イラストレーター）
「私の着物選びのポイントは、一生着つづけられるかということ」

群　平野さんは仕事のときも、お着物を着ていらっしゃるんですよね。
平野　冬は、外出しないときは、よく着てます。
群　いつごろからですか。
平野　四年くらい前からかしら。青山に引っ越して、家の中で仕事ができるようになってからですね。
群　イラストを描かれるとき、袂《たもと》でこすれちゃったりしませんか。
平野　割烹着《かっぽうぎ》や、私が小学生のころ、母が自分で作って着てたようなものを着れば大丈夫。ポカッと全部入るから、繭《まゆ》みたいな感じになるんです。
群　帯は、どうしていらっしゃるんですか。
平野　半幅帯《はんはば》にしています。
群　なるほど。お太鼓を結ぶのも大変ですものね。

平野　お太鼓だと、椅子の背もたれでつぶれてしまうので、貝の口にしてます（風呂敷包みから「普段着セット」を取り出して）。

群　絵を描かれるかたはセンスがいいから、選ぶものみんな、可愛いですね。

平野　（締めている海老茶《えびちゃ》の帯を指して）おばあさんになっても使えるかなと思って。私の着物のコンセプトって「絶対一生着てやる」なんです。

群　本当にそうよ。だってもったいないじゃない、若いときばっかりじゃ。で、お着物は、紬《つむぎ》ですか？

平野　母からもらった紬とか、中学生のころに作ってもらったウールのものとか。単衣《ひとえ》だから楽ちんで、チャンチャンて着て、クルクルっと帯をすると、本当に時間がかからないんです。

群　何分ぐらいで着られますか。

平野　ウールに半幅だと五、六分で。どんどん楽なほうに流れていってます。で、足もとはタビックス（笑）。

群　冬、家にいるときはいつもタビックスだから、洋服のときにもタビックスはいちゃって（笑）。

平野　暖かいので、ついつい。

群　もう色違いでいっぱい。白足袋《しろたび》は家だと黒くなっちゃうので、別珍《べっちん》やコール天の色足袋をはいてます。
群　着付けはどちらで習われたんですか？
平野　六年前に、近所で家庭教師っていうか訪問着付け教室っていうのを見つけて。
群　へえ。先生が来てくれるんですか？
平野　ええ。曜日と時間を相談して決めて。群さんは、どちらで？
群　専門的には習っていないんです。初めのころ、ひどいときは、二時間近くかかった（笑）。最初に着物で出かけるって勇気いりますよね、すごく。一歩外に出たら、ドドーンってロングスカート状態になるんじゃないかとか。
平野　お太鼓がペロって（笑）、解《ほど》けちゃうんじゃないかとかドキドキですよね。
群　鏡に映るたびにすごい気にしたりね（笑）。
平野　自分で着られるようになると、だんだん、大層なことではないってことが、わかってくるんですよね。昔は、自由に着てたのが、いつのまにかハレのときだけのものになっちゃって。それで普段着も晴れ着みたいに着なきゃいけないようになっちゃったんでしょうね。
群　今、着物って特殊なものになってますよね。
平野　そうなんですよね。
群　会食のとき、着物を着て行くと、男の人は、高価ってことしか考えないみたい

平野　(笑)。「自慢しに来たんだろう」って言われたこともあったし。だから「あんたみたいに野暮な男にそんなこと言われたくないわよっ」ってどなりつけて(笑)。

自分が着てうれしいってことが一番ですよね。「暮らしの着るもの」って考えてほしいですね。私、冬は着物の日が多いので、たまにタイツはいてセーター着ると、もう「苦しーい」って感じ。家帰ってチャンチャン着着《ぎ》るとほっとします。

群　着物で近所にお買い物に行かれたりします？

平野　トッパーコートみたいなのを着て行きます。道行《みちゆき》(衿《えり》あきが四角い袷《あわせ》のコート)なんてとてもとても。近所に「そんな立派な格好して何やってる」って言われそうな感じ(笑)。

群　でも、道行はどこでも売ってるけど、ふだん着るコートを売ってないのよね。昔の人がふだん、着てたような、袖幅《そではば》がゆったりした割烹着も、デパートには売ってないものね。

平野　振袖ばっかりやってないで、暮らしのものをもっと作ってもらいたいと、本当に思いますね。

群　染めの半幅帯も。あっても、おばちゃんくさかったり。

平野　それか、急に子どもっぽくなっちゃったりね。

群　もう少し、愛想のあるものが欲しいなとか、焦げ茶はちょっと哀しいなとか。日常に着ようと思うのが少なくて困りますよね。「普段きもの好きグループ」としては。レーヨンやポリエステルじゃなくて、ちゃんと絹や木綿やウールでね、欲しいですよね。

平野　そうそう、ここで言いたい。

群　言いたい。「何か作れ」「手頃な値段のもの作れ」（笑）。

平野　本当に作ってほしい。

「私のために病」が出ちゃって（平野）

群　最初に自分で買われたのはどんな着物ですか。

平野　申し上げます（笑）。紺地の紬に絣《かすり》模様で、白く抜いたエビが散らして入ってるんです。初めて、呉服屋さんに入ったときに……。

群　突然？

平野　突然。銀座で映画の帰りにフラフラって（笑）。なんであんなふうに入れたのか自分でもよくわからないんです。なんであの通りを歩いていたのかもわから

ない（笑）。

群　呼ばれちゃったんだ、着物に。

平野　そんなに敷居の高そうなお店ではなかったのがよかったんですね。明るくて和菓子屋さんみたいな感じで（笑）。優しそうなおじさんがいろいろ見せてくれて。エビは地味なのか、すすめてくれなくてね。「エビがいい」って言えばいいのに気が弱くて言えなくて（笑）。

群　初めてだしね。一人だったんでしょう。

平野　ええ。それほど高くはないけれど、気軽に買える値段でもないし。で、帰ってきちゃったんです。でも、こんなに気になるってことは、買っても後悔しないと思って。次の映画を見た帰りに行ったら覚えててくれて。「やっぱりエビが」って言ったら、「そんなに気に入ったんなら」（笑）。

群　おじさんはすすめなかったけど（笑）。若いと華やかなのをすすめられるでしょう。

平野　毎回毎回「それじゃなくて、それ」（笑）。だんだんこのごろわかってきてくれたみたい。これもそこのお父さんとこで買ったんですけれど。「黒地に明るい色で抜いてある模様のがずっと欲しかった」って言ったら、お許しが出て（笑）。

群　でも、いったん買いはじめると、着物って加速度つきませんか。

平野　もう地獄に転がり落ち……。

群　転げ落ちますよね。で、はい上がれないのよ。「もうやめよう」と思うんだけど、見ると「あら」みたいな（笑）。

平野　こういう柄のもある、ああいう柄のもある。これは揃った、あれも揃った。全部揃った。もういいんだぞ、もう……。でも、気に入ると「あ、これは私のためにある」（笑）。

群　「私を待っていたんだわ」って。でも、待ってるのけっこうたくさんあるのよね（爆笑）。あっちこっちで待たれてるのよね。「このあいだも会ったような気がする」とか。

平野　本当にどうしたらいいんでしょうねぇ（笑）。

群　〝きもの好き〟はみんな同じこと言ってる。「もう持ってるんだけどねぇ」って。

平野　「いい加減にしなさい」って思うのに、困ったなあ。

群　そう。うれしいけど「困ったな」なのね。帯もいちおう、揃えて買ったはずなのに「でも、こういうのがあるとよりいいな」とかね（笑）。

平野　よりよいものを求めちゃうんですよね。

群　一番の思い出の着物みたいなのありますか。

平野　母が普段着に着ていたウールの単衣《ひとえ》があるんです。すごーく好きなんです。模様がトンボみたいに見える。ちっちゃいころ、母の着てるのを見ていっつも「いいなあ」って。「あ、今日もトンボ着てる」とか思ってて。それを、母がくれたんです。紺地に白なので、きりきりっとみえるんです。ぼんやりした色だと、私はますますぼんやりしてみえて「起きろ」って感じになっちゃうので(笑)。ちっちゃいころから知ってた着物なので、着るたびに「うれしいなぁ」って。「これを着る年齢に自分がなったんだぁ」とか。

群　身内から受け継ぐとか人からいただくとかって、うれしいのよね、とっても。

平野　気持ちまで一緒に来てくれたっていう感じが。

群　祖母の丸帯を直したり、母が着てたものを繕って着たりね。そういう「受け継いでいく」ということが、減ってきちゃったのが、悲しいですね。

平野　晴れ着信仰になってるからかしら。着物が遠いものになっちゃってるんでしょうね。

群　悪循環ですよね。ふだんに着る人が少なくなったからふだん着るものがなくなっちゃったっていう。平野さんは柔らかもの系はどうですか。

平野　江戸小紋は好き。友禅とかは、あんまり興味がない。やっぱり、暮らしの紬《つむぎ》と

群　か絣のほうが……。

平野　でも下手すると、硬い着物のほうが、けっこう出費が大きいですよね。困りますよね（笑）。

群　礼装じゃないのにね（笑）。

平野　こないだ、会食に織りの着物を着てったら「着物っていうから、ピンクで扇子が散って、牛車《ぎっしゃ》引いてる（笑）の着てくると思った」って言われたのね。その男の人は、着物っていうとそういうイメージしかない。「牛はないわよ、牛は。扇で顔隠してる女の人もいないわよ」って言ったら「そういうのもあるんですか」って（笑）。

群　可愛い（笑）。着物を着るようになってから、着物の人が気になるようになって。

平野　ジーっと見ちゃうのよね、着付けとか。ついて行きたくなっちゃう。

群　ついて行ったこと、何度かあります（笑）。

平野　去年の夏、百四十センチ足らずの小柄なおばあちゃまが、多分、上布《じょうふ》を着てらして。色は、生成りで、こんなに大きな井桁絣《いげたがすり》なの。

群　かっこいーい。

平野　ボンボンボンボンって散ってて。おばあちゃまがすっごい小柄なのに、むっちゃくちゃ可愛いの。おばあちゃまの顔ぐらいあるんですもん、その井桁絣。もう「井、井、井」みたいな感じ。でもね、すっごく素敵なの。

平野　ああ、いいなあ。

群　着慣れてらっしゃるから、クタクタなのよねぇ。「はあー」って振り返って見て。さっぱりしてるんだけど素敵だなって。

平野　夏の着物、ほんと、私もだーい好き。

群　情報が入りましたよ。芭蕉布《ばしょうふ》を買われたって。

平野　ああーっ。それは秘密なんです（笑）。

群　「群さん、聞きましたかぁ。平野さんが芭蕉布買って」「えーっ、なに、見たーい」って言ってたの。

平野　もうねぇ、生意気なことをしてしまって。でも「あ、私のために病」が出ちゃって（笑）。

群　芭蕉布が待っていた（笑）。

平野　買うときに「着ないとだめですよ」ってくぎさされて（笑）。「必ず何回か着て伺います」ってね。

群　お披露目、すんだんですか。

平野　もう何度か。自己申告して（笑）。でもまだ裃《かみしも》みたいで。折り紙して着るよう

群　な感じ。

平野　よく、寝巻きにするといいって言いますけどねぇ。「まず着て寝なさい。そうするとなじむから」とか言われて「えーっ、いやですよ、そんなぁ」

群　本当なのかしら、やっぱり。

平野　繊維がすごく柔らかくなるんでしょうね。去年の冬、宮古上布《みやこじょうふ》の作家のかたのところで初めて砧打ち《きぬたう》を見たんです、ドカンドカンって。砧打ちしたところと、まだのところを触らせてもらったら、打ったところはツルツルで。繊維がキューっとお互いに入って、本当に滑らかで。

群　しなやかだけど、入り組んで密になるってことですね。

平野　それで「こういうことだったんだぁ」と思って。だから、もしかすると寝て砧打ち……（笑）。

群　汗とともに（笑）。でも、汗がついたら、また洗い張りしなきゃならないしね。

平野　これで三夏《みなつ》越したかな。だんだん変わってきました。二日続けて着ると、二日目のほうがしんなりして着やすかったりして。

群　織りの着物ってそうなんですね。帯も、気に入ってよく締める帯ほど締めやすいから、余計それを締めちゃうのよね（笑）。折り目もついてるし。織りの着

平野　物は、着てなじませないとね。
群　ご機嫌伺いして「よろしくお願いします」って。
平野　何度も何度も洗い張りして水をくぐると、しなやかでトロっとなるでしょ。だから、ピンとなってるの着ると恥ずかしくてね、余計に。
群　「おニューでーす」って（笑）。
平野　そうそう。気恥ずかしいのよね。だから、揉《も》んじゃおうかなって思ったり（笑）。
なるべく早くなじませたいって。

私はコーディネートが今後の課題（群）

群　これから、着てみたいお着物ってありますか。
平野　縞《しま》が着たいなあと前から思ってて。でもなかなか。まだ一着も……。
群　縞って奥深いんですよね。幅とか色合いの微妙な差で印象が全然違う。同じ色でも幅が違うだけで、野暮になったり。
平野　もう全然違う、別ものになりますよね。
群　細縞《ほそじま》だから似合うとか太縞《ふとじま》だから似合わないってことじゃないのよね。そのか

平野　たによって細いのが似合ったり、すごく太いのが似合ったり。むずかしいですよね。
群　なんかいいなって思っても「待て」とか思って（笑）。まだ勇気なくてね。しばし待てと。
平野　縞の着物を、ぜひ着てみたい。
群　お似合いになりますよ、きっと。縞、素敵ですもんねぇ。
平野　頑張ります（笑）。群さんは何か。
群　私は、着物というより、柄と柄のコーディネートが気になりますね。まだよくわかんないんですよ。だから柄の着物には無地っぽい帯にしちゃうとか。柄と柄を組み合わせて「おっ、いいじゃない」みたいなコーディネートがしたいです。
平野　バッチリっていうのがねぇ。
群　江戸時代の絵とかには「こんなのオッケーなの」っていう組み合わせ、ありますよね。丸に丸や格子に格子はタブーっていわれるけど、麻の葉の着物に縞の帯がお洒落《しゃれ》だったりね。着物を着はじめのころは「目立たないように」って思って、無難な組み合わせのほうが安心できたんですけど。だんだん、楽しんで着てるんだから、もう少しインパクトがあってもいいなと。だから、柄と柄と

平野　の組み合わせを、学びたいなと思うんです。

群　今はあまりよくないといわれる組み合わせも、昔は単なる目安だったんでしょうね。丸に丸でも、素敵だったらいいような気がしますね。

平野　そうですよね。ただ、着物と帯で完璧《かんぺき》にすると、小物が入ったとたんにドッヒャーみたいなこともあるでしょう（笑）。抜ける余地も残しつつ、柄と柄を組み合わせる、みたいな。

群　わあ。すごいむずかしいけど面白いだろうな。

平野　あと履物とのバランスね。そういうのの組み合わせが、うまくいかないんですよ。だから逆に楽しいんでしょうけどね。ああだこうだ、ああだこうだとね。

群　だから蟻地獄からはい出られない（笑）。

平野　帯締めなんかも「あ、これはあれに……」。それ買ったくせに「あ、こっちはあの帯に」……。

群　そうそう、そうなのね（笑）。で「また働かなきゃ」（笑）。

平野　どんどんどんどん、どんどん増えていって。

群　そうなのよねぇ。で、収《しま》ってある箱見ると「わーっ。こんなにいつ買ったぁ」みたいな（笑）。「あるやん、買わなくても」と思うんだけど「これとこれが合いそうかな」。

平野　一個ずつ（自分の帯締めを指しつつ）が、どれも本当にきれいなんですよね。物自体に魅力があるから。「あら、ここにいたのね」（笑）。

群　「あなた、いたのねぇ、思い出したわ。ごめんね、ちょっと忘れてて。次につけてあげましょう」とか。ないがしろにできないんですよね。

平野　選んでるとずっと時間がすぎてたりする。

群　収納はどうなさってますか。

平野　簡易桐タンス——引き出しを押し入れに入れてあるんです。でも全然入らなくて。

群　同じです（笑）。

平野　名古屋帯も棒に仕立ててもらってる（胴に巻く部分を半幅にしないで全部開いて平らに仕立てること）んです。畳んだとき薄くなるので。それでも入りきらなくて。「困ったな」。って言うなら買うなって自分でも思うけど。

群　私も「困ったな」と（笑）。「困るなら買うな」って言われそうだけど、うーん。

平野　でも「待っていたのね」。「これは出会いよ」と思って（笑）。

群　そこここに、待っていた（笑）。

平野　そこここに。もうあっち行ってこっち行ってって。

群　本当に収納には困りますよね。桐タンス誂《あつら》えたらその分着物が買えると思うと(笑)。

平野　ほんと、そうですよね。

群　帯のタンスは持ってないので、帯が入る段ボールにA、B、Cってふって、ガンガン積み上げてあるんです。全部写真に撮って、どこに何があるかわかるようにしてるんです。

平野　写真があると「今日はこれとこれ」とかできていいですね。

群　晩ご飯食べたあとの一番の楽しみなんです(笑)。こうやってカルタするのが。「あっ、これと合う」となるとめちゃくちゃうれしくて「新しいコーディネート発見」。

平野　いいですねぇ。

群　でも「今度はこれ締めよう」と思うと、箱をいくつも降ろして荷物運びみたいになっちゃうんですよ、和室で(笑)。「大きくてしっかりしたステンレス製の棚に畳紙《たとうがみ》のまま積むほうが楽かしら」「でも、湿気はどうなんだろう」とか。悩みは尽きませんねぇ。

平野　小物もたくさんたまりませんか。バッグとか、うれしくなってどんどん買っちゃうけど、どんどんどんどん……。

群　増殖するんですよね。

平野　本当、本当にそう。一個ずつは大したことないと思って安心して。

群　「この色の帯揚げ、なかったわ」「この巾着《きんちゃく》可愛いわ」。そうするといつのまにやら増殖して、こっそり子ども産んでんじゃないかと思うときありますね。

平野　「こんなにあったかぁ、籠《かご》」って（笑）。

群　本当に。どうしたらいいんでしょうか。

平野　よかった、同じだ（笑）。

群　私もよかった。もう秘密だったんで。人に言えないでしょう。

平野　「こんなの私だけだわ。こんなことでグズグズ思ってるなんて」って（笑）。

群　よかったわ（笑）。

［『きものサロン』二〇〇〇年秋号・世界文化社刊より］

きものコレクション

人間モチーフの帯

雀踊り

この帯は、帯本体に
刺繍がしてあるのではなくて、
刺繍をアップリケしてある。
お店の人が私好みの
面白い刺繍ということで、
作ってくれた。

人形

インターネットのバーゲンで反物を購入し、
仕立ててもらった人形の帯。
色々な人形が描いてあるが、
どうしても左上のフランス人形を
メインにせざるを得ないので、
お太鼓の柄の出し方が
決まってしまうのが残念。

ワインを飲む人

（部分拡大）

型染めの帯。ワインを飲む
西洋の人がモチーフになっている。
変わった染め帯が欲しいなと
思っていたところ見付けて購入。
作家ものだったと思うが、
名前は忘れてしまった。

きものコレクション

すくいの帯

これも川島織物の帯。
柄は「アジアに暮らす
人々のイメージ」で、
市場や水上村などが織られている。
この帯を最初に見せてもらった時、
見えない部分までぎっしりと
織られていて、値段もかなり高かった。
作品としては素晴らしいけれども
実用的でないと思ったので断ったところ、
後から「柄を減らして
新しく織りますけれども……」
と言われて、断ったつもりが
逆に逃れられなくなってしまった。

第三章　ぜんぶきもの

人と会うときに着物を着て行くと、必ずといっていいほど、

「自分で着たんですか」

と言われた。そうだと言うと、

「自分で着られるといいですよね」

と言う人が多い。私は呉服店のサービスで名古屋帯の結び方までは習ったが、あとは自己流である。本などを見てあれこれ試してみては、それを取り入れたり、やめてみたりと試行錯誤の繰り返しで、今は、

「ひどくなければよし」

という程度にしている。だいたい雑誌に出ているようなしわのない着付けなんて、無理にきまっているからである。

ある時期までは「紐《ひも》だらけの人生」だった。着崩れるのが怖いので、とにかくひもで締め上げていて、家に帰って着物を脱ぐと、ほっとひと息といった具合だった。いちばん最初に着付けを教えてもらったとき、先生は衣紋《えもん》を安定させるために、襦袢《じゅばん》の背縫いに添って背布を付けるようにと言った。またモスリンの腰ひもを半分に切って、襦袢の衿《えり》の両端

にそれを縫いつけるようにとも言ったのだった。背布というのは、幅が十二センチくらいのもので、衿から十センチくらい下がったところから幅二センチ長さ五センチほどの綿テープを縫いつけて、衿先につけた腰ひもが通るようにする。背布の長さは着物を着たあとでも、裾《すそ》をめくって下から引ける程度の長さだから六十センチくらいだろうか。私はそれがなければ着られないのかと思って、言われるままに布を縫い、モスリンの腰ひもを半分に切って、襦袢にせっせと縫いつけた。着るときに襦袢の衿を前で合わせて衣紋を抜き、両方のひもを背後の綿テープのループの中で交差させて前で結ぶ。そうすると衣紋が固定されるというわけなのだった。

「なーるほど」

腰痛コルセットみたいな、ウエストに巻く補正用パッドも買うようにいわれた。寸胴《ずんどう》にして、着崩れないためである。

「なーるほど」

私は素直に従い、補正用パッドをつけ、背中にひらひらと布がついた襦袢を着た。その上に伊達《だて》締《じ》めをし、着物を着たら着丈《きたけ》を決めて腰ひもを結び、着物の衿を合わせておはしょりを整え、胸ひもでおさえてその上に伊達締めを巻いてやっと帯になる。

「ひとつひとつの動作をていねいにしないと、着崩れの原因になります」

まるで三合目、四合目と山登りをしているみたいだった。おまけに着付けがはじまると

きには正座をして、

「よろしくお願いいたします」

と深々とお辞儀をしてご挨拶《あいさつ》をする。私なんかいつ頭を上げていいものやらわからず、顔を上げたらまだ先生が頭を下げていたので、コメツキバッタみたいに、ぺこぺこ頭を上げたり下げたりしてしまった。先生ご本人はとてもいいかたで好きだったのだが、きっと所属している着付け教室のきまりごとになっていたのだろう。とってつけたような挨拶をするのがいやだった。どうして、

「こんにちは。今日もよろしくお願いします」

じゃいけないのか。それがいかにも、

「着物を着てお上品ふう」

という匂いが漂っていたし、浴衣《ゆかた》の文庫結びのことを、

「お文庫」

と言うのも聞くたびに虫酸が走った。たしかにお太鼓結びには「お」はついているが、なにも文庫結びにおをつけることはなかろうと、これまたうわべだけ上品ぶっているのが気にくわなかった。

「こういうのがなきゃ、いいんだけどな」

と思っていたが、名古屋帯の結び方を教えてもらった時点で、お店とのおつきあいも終

わったので、先生ともそれっきりになってしまった。

それから自己流で着はじめたのだが、やはり襦袢には背布がひらひらしていたし、ウエストには必ず補正パッドを巻いていた。自分で着ながら、

「昔の人はこんなものを使っていなかったと思うのに、どうしてあっちこっちひもで結んだり、ひらひらを背中につけたり、ウエストにこんなものを巻かなくてはいけないんだろうか」

といつも疑問に感じていた。たしかにそうするときっちりは見えるのだが、私が考えている、ふだんに着物を着ているふうにはみえない。日常に自分が着物を着ていないせいもあるのだろうが、何だかきっちりしていてつまらない。町中《まちなか》で見かけるざくざくと着物を着ているおばあちゃんのほうが、よっぽど素敵なのだ。

「もしかしたら、こんなものはいらないのではないか」

と思うのであるが、本当になしにしていいのかどうかわからない。背中のひらひら布がなかったら着崩れてしまうのではないか。ウエストに補正パッドをしないと着物が裾広がりになってしまうのではないか。私は変だ変だと思いながらも、それらをなしにすることはできなかった。

しかしどう見ても、背中にひらひら布がつき、子供の着物みたいにひもがついた襦袢は、脱いだときにものすごく恰好が悪い。べつに人様の前で着物を脱ぐことなんかないが、自

分で見て、ものすごくいやなのである。二番目の店の女主人にその話をしたところ、

「そんなもん、いるわけないやないの。かっこ悪い。取って平気、平気。補正もいらんよ」

ときっぱりと言われたので、私は、

「そうですよね、そうですよね」

と言って、襦袢から背布とひもを取ってしまった。

「衣紋がきっちり抜けないのは、仕立てが悪い。うちのはそんなことは絶対にない」

とまで彼女は言った。仕立てのことまではよくわからないので、

「はあ、そうですか」

と言うしかなかった。私は襦袢の半衿には三河芯《みかわしん》（一般的な衿芯。丈夫な白木綿地）をつけていたのだが、

「そんな面倒なことしないで、プラスチックの差込み芯を使ったら簡単よ。私も使ってるよ」

と言われた。両端が丸くなった、細長いもので、襦袢に半衿を縫いつけて、その間に通すのだという。三河芯を縫いつけるのも、けっこう力がいるので、これは楽だと使ってみたのだが、私の場合、差込み芯を使うと、どんどん襦袢の胸元が崩れてくる。しまいには衿元を安全ピンで留めないと胸元が開いてくる始末だった。女主人にそう言うと、

「おかしいなあ。お客さんみんな、これは楽だって喜んでいたけど」

と首をかしげる。よく考えてみると、私はなで肩だからプラスチックの差込み芯は合わなかったのではないだろうか。それで何の支障もないという人の体型を思い出すと、肩のあたりがしっかりした人ばかりだった。私の勝手な想像だが、なで肩だと差込み芯の張りに負けてしまうのではないか。いつもいつも着物を着るたびに、襦袢に安全ピンをつけるのはいやだったので、私は元の三河芯スタイルに戻した。すると同じ襦袢と着物でも、胸元が崩れない。本や雑誌にはいろいろと着付けの簡便な方法が書いてあるけれども、体型によって合う合わないがある。それがわかるようになるには、とにかく着てみるしかないのだ。襦袢の背中のひらひらと、付けひもはなくなったけれども、補正はいらないといわれても、着崩れるのが怖くて、補正パッドだけはつけていた。寸胴になっているという安心感だけでつけていた。私の体型は蜂腰といわれるような形で、ウエストからすぐに腰が張りだしている。腰の位置に腰ひもを結んだつもりでも、大島などすべすべした着物を着たときには、動いているうちにひもがずり上がって着崩れてしまう。補正パッドをつけてその下側にひもを結ぶと、そこにひっかかって絶対にずり上がってこないので、安心だったのだ。でもやっぱりもそもそする違和感があって、補正パッドはつけるのをやめた。

「昔の人のように何とか補正なしで着られないものか」

と考えていた。

とにかく特別な道具などを使わないで、なるべくシンプルに着物を着たい。ふだん着物を着ている人に聞くと、ひもはそんなにたくさんつかわなくて大丈夫と教えてくれた。襦《じゅ》袢《ばん》には伊達締めだけ。着物も腰ひもと伊達締めだけだという。私よりも二本、ひもの数が少なかった。私の小唄《こうた》の師匠の娘さんは、踊りの家元さんなのだが、彼女は着物を着ながら、どんどんひもを抜いていってしまうと聞いた。ほかにも着物をふだん着ている人に聞くと、襦袢には伊達締めだけ。着物も腰ひもと伊達締めだけだという。

「着崩れない？」

と聞いたら、

「着崩れる前に直すから」

という。つまり衿元《えりもと》、帯のたれ、身八《みや》つ口《くち》（身頃の脇あき）など、大きな動作をしたら、そのつどちょっと微調整をする。椅子から立ち上がるときやトイレのあと帯のたれが上がっていないか確認し、両手を上に上げるような動作をしたら、おはしょりの両脇の縫い目部分を下に引っ張る。トイレに行ったあとには、腰ひもの位置を確認するなど、大崩れにならないうちに直しておけば問題ないというのである。それは着慣れていないとわからない。どこをどうしたら、どの部分がどう直るのかがわからなければ、やりようがない。

「着物を着たいんですけど、着崩れたらどうしようかと思って」

という人が多く、私が着物を着ていると、

「自分で着たのに着崩れていませんね」

と言われたりする。それは私が彼女に教えられたように、微調整しているからだと思う。腰ひもをきっちり締めていれば、よっぽど大暴れしない限り、そう着崩れることはない。着崩れるというのは結果であるから、そうならないようにその前で修正しておけばよいのである。

コーリンベルト（衿元の着崩れを防ぐための幅二センチほどのゴムベルト）を便利に使っている人もいる。昔、母親も使っていたが、当時は留め具が金属だったけれども、今はプラスチックになっていて、浴衣用にベルト部分がメッシュになっているものもある。そのうえ、腰ひもまでゴムベルトがあるのだ。コーリンベルトを使うと、伊達締めを体に巻かなくてすむ。ゴムベルトは伸縮するのでつけていて楽だという。私はどうも着物を着るときに金具だとかプラスチックを使うのがいやなので、二の足をふんでいる。一度、家にいるときにゴムベルトを試してみたが、大島だったからかやっぱりベルトがウエスト位置にずり上がってきた。もっとゴムをきつくするか、補正をすればいいのかもしれないが、まだそれは研究中である。便利グッズを使うために補正をするか、補正なしで今までのやり方をするか、思案のしどころである。また近ごろでは襦袢の着崩れが気になってきた。ゆるく伊達締めを締めているのだが、それだけだと衿のVゾーンがだんだん深くなってくるのだ。もしかしたら興ざめだけれども、襦袢にはひもを付けたほうが安定するのかもしれないが、これもまたあれこれ試してみようと思案中である。とにかく楽に楽にと年月を追うごとに、「ひもなしの人生」へと歩んでいるのは確かなのだ。

着付け教室で習った人は、あれやこれやと甲冑《かっちゅう》のような補正具を買わされたりするらしい。それも教室の利益のうちに入るわけで、もったいないけど仕方がないシステムかなという気がする。礼装の着物をきっちりと自分で着たい人には、いいのかもしれない。うちの母親は、何年か前まで着付け教室に通っていたが、やはり、

「しわがないように」

と言われ、半衿を出す幅まで決まっていて、その人その人の体型に合った着付けを教えてくれるわけではなかったと言っていた。きっとみんなが知りたいのは、自分の体型のよさを出せて、欠点をカバーできる着方なのではないだろうか。洋服だったらさまざまなデザインがあるから、選び方でそれが可能だが、着物は形が決まっているから、着方ひとつでどうにでもなる。それを知りたいのだが、どうもかゆいところに手が届くような着付けの方法は、少人数で教室を開いているところでしか望めないのかもしれない。

「普段着」として着物を着ている人をもっと見たい

私は着物なんて、昔の人が日常に着ていたものだから、みなそれぞれ好きなように着て

いればいいと思っていた。ある日、着物の展覧会に行った。そこには着物を着ている人もたくさんいて、来場者を見ているだけでもとても楽しかったのだが、そのなかで目についた若い女性がいた。彼女はグレーの無地っぽい紬《つむぎ》の着物を着て、着物よりもちょっと薄い色の半幅帯を文庫に結んでいた。きっと自分で着たのだろう。大柄な女性だったのであるが、気の毒なことに彼女の体型の欠点がすべてむき出しになってしまっていて、せっかくなのにかわいそうだった。帯をぎゅっと結んでいるのでウエストがくびれ、その分、しっかりしたお尻《しり》が目立ってしまっていた。着丈《きたけ》も少し短い。後ろ姿だけしか見られず、前に回れば半衿や前帯に柄があったりしたのかもしれないけれど、とにかく後ろ姿は殺風景で、体型だけがどーんと目立っていたのである。そのときはじめて、自分の好きなように着ればいいと思っていた私であるが、

「第三者に見てもらって、少しでも体型がカバーできるような着方ができることは、必要かもしれない」

と考え方を少し改めたのである。

ただ言えるのは、体型的に欠点がある人ほど、着物が似合うような気がするということだ。太っているから、肩がいかっているから、お尻が大きいからと言う人がいるが、そういう人ほど着物姿に個性が出て素敵だ。何年か前に、着物の雑誌で、今ふうのヘアスタイルで顔が小さくすらっと背が高いモデルさんたちの、野外での写真が載っていたが、体自

体の存在感がなくてまるで野に立つ亡霊のようだった。モデルよりも一般の人が似合う衣類なんて、民族衣装以外、ないのではないか。

　私も着物の雑誌に出させてもらったことはあるが、読者として見たときに、もっと普通に着物を着ている人をたくさん出してほしいと思う。もちろん奥様などが登場するのだが、いまひとつぴんとこない。

「そういった作家物じゃなくってさ、ふだん家の中で着ている着物が見たいのに」

と言いたくなる。『美しいキモノ』では、ふだんに着物を着ている人の連載があったが、モノクロページで後ろのほうに追いやられていて、リニューアルしたら企画ごとなくなってしまった。ふだん着ている人が、日常、どのように着物を着ているのか、家事をどうやってこなしているのか、そういう日常茶飯事を知りたいのに、雑誌としてはそうではなく、ふだんに着ようといっても、その「ふだん」の感覚に差があって、違和感がある。もちろん、

「ああ、きれいだな。素敵だな」

と感じることも大切だが、「ふだん」の感じ方、とくに若い人たちとの感じ方にどんどん差が出ているのが現実なのではないだろうか。奥様を見つけるのは楽だけれども、日常に着物を着ている、おばちゃん、おばあちゃんを発掘するのはむずかしいかもしれないが、そういう努力を編集者はしていないし、手抜きをしていると思う。だから同じ人が何度も

出てくることになる。メーカー側に寄って、きれいな女優さんに着物を着てもらえれば、何とかページが埋まって雑誌が出るというやり方は、少し違うのではないか。

「お金があれば、こういうこともできるわよねー」

と言いたくなるような人々ばかりでは、読む気がしない。編集者自身に「ふだん」の感覚がないから、そういう誌面になってしまうのだろう。ただきれいきれいな（きれいで、なおかつ欲しいと思えるのならいいが、欲しいとも思えない）着物を並べていればいいと勘違いしているのではないだろうか。

雑誌に載っているモデルが着ているような着方がいいと勘違いして、自分が着ても半衿がぴしっとしていないとか、しわが寄るとか気にする人がいて、

「そういうところはどうしてますか」

と聞かれたりするけれども、私の答えは、

「気にしない！」

である。気にするのはお尻の部分に下着のラインが出ていないか、着物が裾《すそ》広がりの「あんどん」になっていないか、それくらいだ。よれよれだったり明らかに見ておかしいのなら別だけれども、半衿がちょびっと見え隠れしたって、いちいちそんな細かいこと、気にしてられっかという感じである。ふだんに着る場合、本人が着ていて気分がよければそれでいいのである。だから私がたまたま目撃してしまった、体格のいい女性も、自分が

気分よく着られて、楽しい時間を過ごせたらそれで充分なのである。だけどより感じよく着られたらいいなあと、自分も含めて日々考えているところだ。

洋服もそうだが、前面には注意が行き届いているのに、後ろ姿にはまったくかまわず、スカートのスリットが破れそうになっていたり、背中の開いたカットソーから、吹き出物だらけの背中が見えていたりする。洋服は着たときに前よりも後ろ姿のシルエットがきれいなものが素敵だし、着物はより後ろ姿が大切だ。帯というのは後ろがポイントだし、着物を着たときに妙にお尻のところがぴちぴちだったり、ぶかぶかしているのもおかしい。自分でじっくり鏡を見て、検討すればいいのではあるが、全方位で見るのは無理だ。そのときに万人一律の、「何センチ」という着付け方法ではなく、個人の体型に合った、衣紋《えもん》の抜き方や着方のコツを、どこの着付け教室でも教えてくれたらいいのにと思う。

私はもうどこの着付け教室にも行く気はないので、自己流でやっているけれども、写真を撮ってもらう機会があって、写真をあとで見てみると、げげっとのけぞることも多い。帯があるので、後ろ姿も撮影してもらったりすると、お尻の下にU字型のしわが出ていたり、着丈が短かったりする。これでいいと思ったコーディネートがいまひとつで、ぎょっとしたこともある。お尻のたるみは上前《うわまえ》と下前《したまえ》を合わせるときに、ゆるめに合わせてしまうとそういうふうになってしまうようだが、生地の質にもよる。また仕立てによって着やすい、着にくいといったものは正直いってある。でも私は仕立てのことはわからないので、これに関しては何もいえない。

紬の場合、打ち込み（織物の密度。横糸の本数が多いほど地が密になり、型崩れがしない）がいいと続けて着てもお尻の部分がたるむことはない。柔らかものでも生地がちゃんとしていると、そんなに嫌なしわはできない。やはり質というのは大切で、安いからだけでとびつくのは、そういう面でもあまり感心しない。私が持っているなかでも、柄や色は気に入っているのに、打ち込みが弱いらしくて、着るたびにお尻の下がたるんでしまう着物がある。

「体重があるからかしら」

と怯《おび》えたのだが、体重五十キロ前後を推移している程度だから、それほど生地に圧迫を与えているとは思えない。なまじ気に入っているから、着物を畳んでいて、お尻の部分の生地が伸びているのが悔しくてたまらない。格安の着物ではなかったけれども、

「こんなことなら、二枚を一枚分にして、お尻の出ないのを買えばよかった」

と後悔するのであるが、後の祭りである。売るほうは、

「これは着たらお尻が出ますよ」

と言わないし、実際そこまではわかりにくいのかもしれない。しかしせっかく買った着物がそうなってしまうのは悲しいことで、その着物を着たいなあと思っても、つい二の足をふんでしまう。羽織やコートに仕立て直すのもちょっと無理なので、正直いって困って

いる状態なのだ。

以前は着物を着るとなると、のべ六時間もコーディネートに迷っている時期があった。着る三日くらい前に、いちおう着物と帯、小物を出しておくのだが、少したって見ると、

「ちょっと違うほうが……」

と別の色の帯締めを持ってきたりする。すると今度は帯揚げが気になり、それと連動して半衿《はんえり》の色も……ということになり、いつまでたっても決まらない。そのうえ日が変わって天気が違うと、またピンとこなくなるという連続で、気がつくとそこいらじゅうに小物や帯が散らばっているという状態で、ぐったり疲れていた。

なぜそんな大事《おおごと》になったかというと、私のやっていたことはまるで雑誌の着物と帯の撮影みたいな、スタイリング作業だったのだ。つまり合わせた着物と帯の上に、私の平たい顔がのるということをすっかり忘れている。着物と帯、小物で完璧《かんぺき》にしようとしていたから、いつまでたっても決まらない。

完璧にしてしまうと、着たときにどうもしっくりこない。

「こんなもんでいいか」

くらいにしておいたほうが、いい具合にいくと気がつくまで、一年以上かかった。さすがに最近は、着物、帯、襦袢《じゅばん》は着る前の日に、小物類は当日の朝、帯揚げと帯締めのセットを三組くらい出しておく程度で、あれこれ組み合わせを考えすぎないことにした。ただ

天気によって映える色とそうでない色があるので、小物だけは着る当日になって、その日の気分で選んだほうがよいようだ。

　着物の楽しみはコーディネートが自分でできることだ。個人の店で着物と帯を購入すると、いかにもその店ふうのテイストになるけれども、それはいやなのだ。私は背が低くて足が短く肩はなで肩という、根本的に洋服が似合わない体型なので、洋服に関してはよくわからないのだけれども、センスのいい人は、どこのブランドの服を買っても、単品で組み合わせて、その人なりの雰囲気を出している。せっかく、着物はひと目で見てどこそこの店の品とわからないものが多いのに、わざわざその店ふうにしなくてもいいのではないかと思うのだ。同じ店で着物と帯を買っても、それをばらして使う。つなぎになるのは、小物類である。そこが着物の楽しさなのだ。いつも店で買った着物と帯のセットを着ているのではつまらない。

　あるとき京都の大手メーカーの男性と話をしたことがある。

「こういうことを言うとまた着物が売れなくなってしまうから、大きな声では言えまへんけど」

　礼装ではない袷《あわせ》の着物の場合、雰囲気の違う着物を三枚。着物一枚につき帯三本ということで、全部で九本。そして帯一本に対して、小物を三組ずつ。つまり着物三枚、帯九本。帯揚げ、帯締めが各二十七本。

「実は一般のかただったら、これで充分、一生いけますねん」

なるほどと感心した。帯揚げや帯締めはこの数より少なくても大丈夫だろう。もちろん小紋《こもん》に合わせた帯を全部紬《つむぎ》に締めることはできないが、あっちとこっちを組み合わせ、年齢が上がるにつれて合わせる小物の色も変えていけば、大丈夫というのだ。余裕があればコートや羽織を買い足していく。着物や帯は大物なので、そうそう買えないけれども、小物だったら何とかなる。大物は数を少なく、小物は数を多めだ。よく着物と帯は数多くあるが、使う小物がいつも同じという人がいる。よく見ると小物がよれよれになっていて、あまり見よいものではない。小物を多めにというのは賢い買い物の仕方なのかもしれない。

〝粋〟になるもならぬも着る本人次第

よく着物を粋に着たいとか言う人がいる。粋なコーディネートとして本や雑誌に載っていることもある。私は自分で粋に着ようと思ったことはなく、ただどんなときでも偉ぶった感じの、

「どうだ!」

とアピールするような着物姿や、品の悪い姿にならないようには気をつけている。

ずいぶん前に、着物に関するテレビが連続で放送されていたが、そのときに着物の専門

家が、粋にみえるコーディネートというのを紹介していた。紬が基本で色合いが地味で、柄行《がらゆ》きが縞《しま》、格子などといったものばかりだったが、

「専門家がそんなこと言っていいのかなあ」と首をかしげたくなった。

粋だとか粋じゃないというのは、組み合わせの問題ではなく、着る人本人の問題なのである。いくら、いわゆる粋というコーディネートをしていても、着ている本人が、じめじめ、ねとっとした性格だと、ただ地味な昔のおばあさんのような着物を着ているだけにしかみえなかったり、貧乏くさかったりする。

粋とは、柄とか色とか、目にみえるものではない。

今の若い人はすぐに、目にみえることで何かを表現しようとするけれども、大切なのは目に見えない部分にあるということを、わかってほしい。

私は先日、習っている小唄《こうた》の名取りにさせていただいたのだが、その名取り式のときに、お師匠さんがたがたくさんいらしていた。みなさんその場に見合った訪問着や裾模様《すそもよう》の着物を召していらっしゃったのだが、どのかたもみな粋だった。刺繍《ししゆう》の着物、染めの着物。クリーム色の地に華やかな友禅の花柄の訪問着のかたもいらしたが、柔らかものを着ていても、粋だった。

だから一概に紬だから、色合いが地味だから粋というのはあてはまらない。たしかにピンク色の地の扇面柄の訪問着を見たら、これを粋だという人はいないだろう。しかし着物

を着る人によって、それは粋になったり、雅《みやび》にみえたりする。その人の内面がもろに出てしまう。着物の楽しさでもあり恐ろしさでもある。

洋服だときっちりとしたスーツを着ていればそれなりに、大きく胸の開いたキャミソールにミニスカートを着れば、またそれなりにみえる。しかし着物は少し違う。だから着物だけを取り上げて、粋だの何だのというのは、イメージとしては成立するかもしれないが、確実なものではない。誰が着るかが問題なのである。

若いころは紺色、茶などの地味な色を着て、同系色の帯を締めても大丈夫だったが、さすがに中年になると、妙に老けて全体的に暗い感じにみえるようになった。私は背が低いので、なるべく強くコントラストをつけないように、帯と着物を同系色で合わせていた。また紬に染め帯という昔ながらの合わせ方が何となく柔らかすぎる感じがして、紬には必ず織り帯を合わせていたのだが、帯の柄行きにもよるけれども、それが強く感じられるようになってきた。さすがに歳をとって、毒気が少し抜けてきたのか、色にしても柔らかいもののほうが、映りがよくなってきたのである。なのでこれまで合わせたことがなかった、染め帯を紬に合わせるようになったのだが、それだと全体的な雰囲気がまとまるような気がする。洋服でも去年まで似合ったものが、急に似合わなくなることがあるが、着物にもそれが起こるのだと感じた。着物は一生ものというけれども、まったく同じコーディネートでずっといけるわけではない。年齢の節目節目で、必ず似合わなくなってくる。それをどうクリアしていくかというのが、頭の痛いところでもあり、楽しみなところでもある。

着物には衣更《ころもが》えが必要ではあるが、昨今のいかにも、「アジア！」といいたくなるような気候の中では、衣更えも現代にふさわしいゆるやかさになっていいのではないか。

六月、七月、九月、十月の衣更えはけじめとしてとても好きだけれども、昔ながらの暦のままでは無理ではないか。礼装はきちんとふまえたほうがいいけれども、三月、四月の暑い日に汗だくになって無理して袷の着物を着ているよりは、裏がない単衣物《ひとえもの》のほうが着ている本人が楽だ。先日も六月頭《あたま》の暑い日に、浅草に浴衣《ゆかた》で出かけている女の子たちがいたが、昔の考え方だと、

「早すぎ」

なのだろうが、それもいいんじゃないかと思えるような、夏みたいな天気だった。

これからの気候の温暖化を考えると、いちばんふさわしいのは木綿の着物ではないかと感じている。厚手であれば冬場も着られるし、浴衣の一種の綿紅梅《めんこうばい》（薄い綿地に格子状に太い綿糸を織り込んだ生地。薄地の部分が透けてみえる）であれば、下に襦袢を着て半衿をすれば着物ふうにも着られるし、下は肌着だけでもちろん浴衣としても着られる。物によっては家で洗える。

インターネットなどでは厚手の木綿の洋服生地を使った着物が販売されていて、ふだんに楽しむのであればそれで充分だ。着物好きな若い人はいろいろと考えている。正直いっ

て、

「それはちょっと」

と首をかしげたくなるものもあるが、多くの場合、

「なるほど」

と感心することが多い。これから着物好きの若い人たちが、いろいろと努力して、着物生活をよりよくしていこうとしているところは、とてもうれしいことだ。私も参考にできることは積極的に取り入れたい。着物としてもともとある木綿の柄は、私の好きな縞、格子といったねえや系が多いが、華やか柄が好きなお嬢さんたちには、柄が豊富な洋服生地の木綿の着物のほうが、浴衣の延長で楽しめるかもしれない。それに手軽に半幅帯を締めたり、見合う名古屋帯でも充分素敵ではないだろうか。木綿でも作家物だと、

「ぎゃっ」

とびっくりするような値段がついているものもあるが、洋服生地だったらそれほど値段も高くならずに、楽しめる。私としてはポリエステルの着物よりは、やはり天然素材の木綿の着物を着てもらいたいなあと思っている。

私の着物歴、現状のご紹介

下着など

私はさらしの肌襦袢《はだじゅばん》と裾除《すそよ》けというスタイルではなく、上半身が綿で下がキュプラのいわゆる「着物スリップ」を使っている。理由はなるべくひもの数を少なくしたいからだ。だからこれをすぽっと着ておしまい。夏場は浴衣用に作られた浴衣下を着る。これは前で打ち合わせてひもで縛るような形だが、前の部分が二重になるので透けにくくなる気がして愛用している。腰ひもは正絹の楊柳《ようりゅう》のものが、モスリンのものよりもきっちりと締まるような気がする。お店に行くと色数もたくさんあって、どれを選ぼうかと迷うくらいだ。こういう人目につかないものは、華やかな色を使うのが好きなので、オレンジ色やピンク色や、本当ならば一本でいいのに、ついつい何本か買ってしまう。帯を結ぶときの仮ひもにはモスリン。伊達締《だてじ》めは博多《はかた》織《おり》の正絹のもので、着物を着た当日は帯と同じように広げておき、翌日、空アイロンをかけて畳んでおく。

足袋《たび》は今のところ誂《あつら》えではなく、市販のものを使っている。足袋はそのときの気分と足のむくみ具合によって、ぴっちりしたものが心地よかったり、多少ゆるめのほうが楽だったりするので、のびるタイプとキャラコのものを両方揃えている。本当は足袋もしわのないぴっちりしたものが美しいのはわかっているのだが、足が痛いのを我慢して着物を着ていても意味がないと思うので、ぶかぶかなのは論外だけれども、自分が気持ちがいいという点に重点を置いている。ただし替え足袋は必ず持って出る。人混みを歩いたりすると、足を踏んでも平気な人がいるので、不愉快にならないためにも替え足袋は必需品である。足袋を脱いだあとはすぐにぬるま湯につけて石鹸《せつけん》で洗い、コハゼのところをピンチでつまんで干しておく。汚れたところは石鹸を歯ブラシにつけてこする。アイロンはかけない。足袋屋さんに木綿の端布《はぎれ》などを持って行くと、足袋に仕立ててくれるところもあるという。そういうのもしてみたいなと思っているのだが、まだまだそこまでいっていない。

帯板はゴムつきのものが、帯を締めるときに、ばたばたあわてないで便利。帯を締めるときだけは、あと三本くらい腕が欲しいので、一巻きした途中で帯板をはさみこむのは、慣れないとまた帯がゆるんだりして、なかなか難しい。ゴムつきだと、着物を着て伊達締めを締めた上につければいいので、簡単である。そのときにゴムは最大限にゆるめにしておくこと。私はこのことを知らずに、ぴっちりと胴回り寸法に合わせて使っていたので、いつも、

「きついなあ」

と思っていた。ゆるゆるにしておけば帯揚げがあとで挟み込めなくなって、四苦八苦することもない。また、前帯に柄があるとき、結んでいるときに柄がずれてしまうと、私の場合、ずりずりと柄が出るように帯をずらしてしまう。そのときに帯板がずれて、背中にまわっちゃうこともあるが、片手で元に戻せばよろしい。はなから柄出しを考えて、手の長さを決めればいいのだが、ついつい無精をしてしまうのである。ふだんに着る場合、帯の下側が腰骨の上で止まっていれば、帯がずり落ちることはないので、上側までぴっちり締める必要はない。帯を締めたあと、両手の親指を帯の中に差し込んで、上側をすこしゆるめておくと隙間があいて楽になる。

『ＫＩＭＯＮＯ姫』という本を見ていたら、襦袢を着るかわりに、着物にスナップで留めつけられる「なんちゃって袖《そで》」。ベルクロで留める「なんちゃって裾除け」。靴下の親指と人差し指の間を切って作る「なんちゃって足袋」なるものが出ていた。お金をかけずに着物を着ようという気持ちがあまりにかわいくて、大笑いしてしまった。でも今はボタンがとれると、洋服を捨ててしまう、全く針が持てない女性も多いから、「なんちゃってシリーズ」を作ろうとする人も少ないかも。またいくら楽だからといって、ずっとこのまま「なんちゃって」で行くのも悲しくはないだろうか。Ｔシャツの上に「つけ衿《えり》」をつけて、その上に着物を着る着方もあるようだが、最初はそうでも着物に慣れてきたらせめて「うそつき襦袢」くらいは買って、ちゃんと手順をふんで着物を着てもらいたい。見えないところだからどうでもいいという気持ちは、見えないところだからこそ気を遣うという、基本的な女の人のありかたや着物の心意気とはまったく違う神経だ、と私は思うので。

帯枕

お太鼓は大きく結ばないので、ふだんは手製の帯枕を使っている。といってもただ手拭《てぬぐ》いを幅十九センチくらいに折り、端からくるくる丸めて縫いとめ、それにモスリンのひもを付けただけのものだが、圧迫感がなくて軽いので、愛用している。紋付《もんつ》きを着るときは市販の帯枕の、高さの低いものを使う。『きものサロン』で帯枕は自分の使いやすいように改良できると読んで、そのとおりに分解してみたら、使い勝手がよくなった。帯枕を覆っている布をはずし、背中につける側についている厚紙をはずしてしまう。この厚紙が固くて鬱陶《うっとう》しいのである。はずしたら手元にある正絹の端布で帯枕をくるんでとじつけ、モスリンのひもを縫い付けておしまい。厚紙がないだけでも、していて楽である。だいたいあんまりお太鼓を大きくする必要もないし、大きくすると野暮ったくなるので、ふだんは手拭いの帯枕で充分なのだ。夏用にはガーゼにくるんだへちまを使うと涼しくて軽いということで自作してみたが、まだこれは使っていない。

半衿

白衿はあらたまったときにしか使わず、ふだんは色衿か柄ものが多い。着物が地味なぶん、ちょっとだけ見える半衿に凝ろうかなと思い、刺繡《ししゅう》、染めなどでいろいろと作ってもらった。しかし出番がいちばん多いのは、色無地のもので、木綿の端布をつなげたものを使うこともある。気軽に洗えるし安い。背中心に縫い目ができるが気にしない。木綿の場合、パッチワーク用の端布の中に、小柄で使いやすいものが見つかることがある。本当はこってりした感じの柄ものも欲しいけれども、正絹ではほとんどみつからない。二十年近く前に、アンティークショップで古裂《こぎれ》を買い、半衿にしてみようとしたが、全然、似合わずに失敗した。基本的に私はアンティークものは似合わないタイプのようである。

インターネットではポリエステルだが柄ものの半衿も扱っていて、見ていると華やかで楽しい。もちろん着物の裾回し、襦袢の残り布、着物、洋服の端布なども充分使える。白衿は礼装のときは着物に合わせて、生地に厚みのあるもののほうがバランスがとれる。やはり正絹のほうがいいようだが、ふだんに白衿で着物を着る人は、ウォッシャブル半衿がいろいろ出ているので、そのほうが便利かもしれない。以前、汚れが落ちなくなった半衿を、紅茶で染めてみたことがあったが、見事に失敗して赤ん坊の汚れたおしめみたいな色になってしまったことがあった。ダイロンなどを使えばよかったのかもしれないが、大失敗だった。

白衿はどうしても汚れてしまうので、一回着るたびに半衿をとって、汚れた部分を中に折り込んでまた縫いつけているのだが、気分的に二度が限度だ。そうなったらクリーニングに出さずに、洗濯石鹸を汚れの部分にこすりつけて洗っている。白さは新品同様とはいかないけれども、付けてしまうと、意外と気にならない。あまり白衿が白々しているのも好きではない。多少絹の白色が変わっても、かえって顔になじむような気がしている。白衿に関してはこんな具合である。

襦袢

もしかしたら、私は襦袢着たさに着物を着ているのではないかというくらい、襦袢好きである。みんなに見てもらいたいときもあるが、はしたないので裾をまくることはないが、好きな襦袢を着ていると、うきうきする。私の好きな鳥獣戯画と麻雀《マージャン》を合体させて、うさぎやカエルが麻雀をしている柄、更紗《さらさ》の切りばめ柄、浮世絵のような春画っぽいものではなく、まぐわっている男女がぽーとした顔をしている四十八手の柄、お福さんの柄、絽《ろ》の金魚柄、礼装用には手描きの花柄など、着物では絶対に着ない柄も襦袢では楽しめる。着物に反して襦袢は派手好みだ。なかには男物の襦袢地で作ったものもある。女物にはない色柄が楽しめるからだ。

落語家さんにうかがったところ、彼は着物や襦袢を誂えるとき、男物ではなく、年配の女性が選ぶような地味な色合いの無地の着尺《きじやく》や、襦袢地《じゆばんじ》から選ぶことがあると言っていた。着物はどうしても柄行《がらゆ》きを選ぶけれども、落語家さんのような職業だと、襦袢に女性物というのは色っぽくて素敵かもしれない。洋服にもユニセックスという着方があるが、着物も一部、こういうことがあると知って面白かった。

これまで二部式襦袢（うそつき襦袢）は持っていなかったので、ふだん用として、本体の木綿の部分はひとつで、裾除《すそよ》けと袖を数種類縫っておけばいいと、そのためにポリエステル、正絹、モスリンの布地を買ってあるのだが、なかなか縫う時間がとれなくて、そのままになっている。

ジッパーでぐるりと半衿が取り外せて、洗濯機に放《ほう》り込める襦袢があるようだが、その話を聞いたときに、

「着物を着たいと思うんだったら、半衿の付け方くらい勉強しろよ」

と言いたくなったのだが、あるとき、テレビを見ていて、私は驚いた。それはパッチワ

ークの番組だったのだが、針仕事をほとんどしたことがない二人の女性が、たった五センチ角のピースを縫うのに、とんでもなく難儀していたからである。ささっと何秒かで縫えてしまうのに、二人の肩には力が入り、いつまでたっても一辺が縫えない。

「こんなにひどいとは思わなかった……」

自分が手仕事が好きなのでわからなかったのだが、苦手な人にとっては、ちっぽけな布きれを縫うことすらこんなに大変だとは。テレビを見ていて、

「こういう人たちに、半衿の付け方くらい勉強しろ」

と言うのは酷ではないかと哀れになった。それによって好きな着物から遠ざかるよりも、簡便に着られるものを利用しても、いいのかもしれない。

しかし問題はある。前にも書いたように、下に着るものは何でもいいという考えは、少し違うのではないかということと、単純に、ものすごく、姿がかっこ悪いからである。とくに衿の中央に襦袢につけるようなループつきの背布が垂れていて、半衿の先についたひもを背中に回して体にくくりつける「つけ衿」なんて、着物を脱いだときに、「大リーグ養成ギプス」にしか見えない。衿に豪華な刺繍があったりすると、脱いだときのかっこ悪さとのギャップで、ものすごく情けない感じがする。べつに着物を脱いだ姿を誰に見せるわけではないのだが、それは本人の気持ちの問題だろう。かっこ悪くてもそれでいいわと言うのならそれも勝手だが、私は自分しか見る人間がいなくても、見苦しくないようにす

るのは、大切な部分だと思っている。

帯揚げ

普通、最初の帯揚げには淡いピンク色をすすめられたり、買ったりするけれども、私はつい最近まで、ピンク色の帯揚げは持っていなかった。自分がいちばんに着たい紬《つむぎ》には、ピンク色をもってくると野暮ったくなるような気がして、避けていたのである。持っていたのは臙脂《えんじ》、濃紺、薄茶、辛子、そんなところだろうか。赤い色のものも一切なかった。素材はほとんど縮緬《ちりめん》で無地ばかりだった。そのうちに紫色、緑色などで地紋《じもん》があったり、柄があったりするものも増えたが、持っている紬の色に準ずる色がほとんどだった。しかし最近、江戸小紋を着るようになり、前に書いたように今までのコーディネートだと暗く感じるようになったので、やっとピンク、クリーム、水色といったかわいらしい色も加わった。昔は平凡だと感じていた、薄い地色に飛び絞りがほどこされている帯揚げも、最近はとてもかわいらしく思えて、何枚か買った。白地のものもなかなか便利に使っている。

もちろん半衿と同じように、細長い布地で作ることもできる。

夏単衣《なつひとえ》の時期から盛夏には、帯揚げも夏用のものに替えなくてはいけないので、絽縮緬や絽のものも増えた。いちばん使う頻度が高いのは薄い水色のものだ。昨年、銀座の「くのや」で友達へのプレゼントの帯揚げを買ったとき、店員さんが、

「絽縮緬の帯揚げが、たった今、できあがってきたのですが、いかがですか」

と見せてくださった。きれいな色がたくさんあって、おまけに信じられない安さだったので、大喜びして三枚買ってきた。こういう小物はデパートよりも、浅草《あさくさ》のお店や老舗《しにせ》のほうが安かったりするので、要チェックである。また和装小物のセール品は、それ用に作られているわけではないので、デパートや小売店で安くなっているときに買っておくのも手だ。帯揚げは前面は帯にほとんど隠れてしまうけれども、側面からは他人にとてもよく見えてしまう部分なので、色合いや柄に気を遣いたい。といっても、紬を着たときに色合わせに困って、いちばん助けられたのは、薄いベージュの縮緬の無地だった。

なお自分の使いやすい長さに帯揚げを縫っておくと、扱いが楽になる。私の場合は長さ百三十センチがちょうどいいので、余った分をお太鼓に隠れる中央の部分でつまんで縫ってある。そうするとちょうどいい具合に側面に柄が出る。長いまま使うと、柄の部分がみんな帯の中に埋没してしまい、何のために柄のある帯揚げをしたのか、わけがわからなくなるからである。

帯締め

もしも一本だけしか持たないとしたら、礼装用は別にして私は間違いなく辛子色を選ぶ。私のなかでは「困ったときの辛子色」という鉄則があり、とにかく色合わせに困ったら、半衿《はんえり》、帯締めに辛子色を使えば何とかまとまるという私なりの鉄則がある。昔は朱色、さび朱をまず一本といわれたりしたが、どうも野暮ったくなるような気がしてならない。帯揚げに辛子もいいのだが、着物によっては強すぎることもあるので、帯締めのほうに辛子色をもってきたほうがいいと思う。本当にびっくりするくらい、どんな色もまとめてくれる色である。ただ辛子色の帯の場合はちょっとという感じもあるから、そのときはほかの色を選んだほうがいい。白の帯締めもすっきりしていてとてもいいのだが、若い人には地味だし、そぐわない気がするので、何でも合うとしたら辛子色がベストである。

帯締めもいろいろな柄がつけられていたりして、見ているととても楽しいが、私はシンプルな冠組《ゆるぎぐみ》が好きだ。四季を通じて使えるし、とにかくすっきりしているのがいい。大きな分量が目にはいるものはシンプルにして、見える分量が少ないものは派手というのが、私の好きな着方だ。柄の目立つ着物のときはその限りではないが。

組み出しといって、トンボ玉や石などを中央に通して、そこから組んである帯締めは、トンボ玉を背中のほうにまわせば普通の帯締めとして使えるし、ポイントをつけたいときは、結び目を背中側にするということで、一本で二本分、楽しめる。私もいくつか持っているが、便利に使っている。

根付けや帯留めなどは持っているものの、基本的には帯まわりにあれこれ付けるのは好きではない。そっけないくらいにあっさりしているのが好みなのだが、ほかの人が凝った帯締めや帯留めをしていたり、根付けをぶら下げているのを見るのは、自分ができない分とても楽しい。

帯留め

帯留めを誂《あつら》えたことがある。今は絶版になってしまったが、京都書院から出版されていた、文庫本のアーツコレクションシリーズで、「てっさい堂」の貴道裕子《きどうひろこ》さんが書かれた「帯留」を見て、シンプルな彫金の帯留めが欲しくなったのだ。私が見た範囲ではアンティーク以外では彫金の帯留めは少なく、みんなこってりとしていて好みではなかった。昔の職人さんの彫りのすっきりとした技術を駆使した、真珠が一粒だけついた帯留めが欲しくなったのである。その話を伊勢丹の担当者にすると、「ミキモト」で作れると言ってくれたので、早速出向いた。

以前、ミキモトで帯留めを見せてもらったことがあるが、ダイヤモンドがきーらきら、金蒔絵《きんまきえ》も素晴らしい。真珠、宝石店なので宝石が並ぶのは当然なのかもしれないけれど、「こんな帯留めが合うような着物は持っていません」という具合で、ただ目の保養といった感じだった。

今の帯留めの用途というと、華やかな装いのときに、

「どうだ！」

といったチャンピオンベルト状態になるものが多く、「彫金の昔の帯留めふうのシンプルなもの」といった希望が、最初はよくわからないようだった。

「絶対にダイヤモンドなんか入れないでね。彫金の技術だけで作ってください。真珠も白いと改まりすぎるから、ブラックパールをひとつだけ付けてください」

そう言っても担当者は、

「はあ」

と言ったもののぴんとこないらしい。私は文庫本を見せて、

「大きくしないでね。できるだけ小さく作ってください。デザインはおまかせしますから」

と頼んだ。その後、三点のデザイン画が上がってきた。どれも私の希望を汲《く》んでデザイ

ンされたもので、そのなかのひとつを選んだ。パールも傷があるために格安になっているものを使ってくれるということで、お願いすることになった。個人の店で注文すると高くついてしまうけれども、ミキモトなどに頼むと、社員である職人さんが作るので、別途、技術料などが必要ないので、割安になるという。最近は帯留めを注文する人などいなくなったので、職人さんも喜んでくださったとのことだった。それを聞いてこちらもうれしかった。

「あのう、それでお時間を少しいただいてもいいでしょうか」

「いいですよ。すぐにでも欲しいというわけでもないので」

「このような仕事ができるのは、年配の職人さんなものですから、どうしても休みをとりながらでないと、体力的にきついらしいのです」

「何か月かかっても待ちますから、作ってくださるかたのペースでけっこうです」

注文してから約三か月後、とうとう帯留めができあがってきた。

「いいものができあがりました！」

担当者もうれしそうだ。わくわくしながら開けてみると、そこには光り輝く帯留めが鎮座していた。

「ちょっと、あなた、ダイヤを入れたわね」

あまりの光り具合にそう文句を言いそうになって、もう一度よーく見たら、ちっこいダイヤが両端に二個だけついていた。しかしそれ以上に職人さんの素晴らしい彫金の技術で、光を受けてきらきらと地金が輝いていたのである。私は鏨《たがね》だけでこんなに光り輝くものをはじめて見た。そういえば私が見たのはアンティークのものだったので、年月を経て多少汚れも加わり、古びた味わいが出ている。その帯留めも作りたてはこのように光り輝いていたかもしれないのだ。

「すごいですねえ。エッジがきいてますねえ」

気合いが入っているのがわかる仕事だった。

「はいっ、ありがとうございます」

そのもの自体はとても素晴らしいものだったが、あまりに素晴らしすぎて、紬《つむぎ》のお洒落《しゃれ》着《ぎ》や小紋《こもん》にはちょっと不釣り合いになってしまった。あまりに彫金の腕が素晴らしいので、小さい帯留めなのに、燦然《さんぜん》と光り輝いている。幸い、知り合いの結婚式があり、刺繡《ししゅう》の訪問着と綴《つづれ》の袋帯にして行った。早く到着しすぎたので、ホテルのロビーで待っていたら、デザインの本やファイルを持っている、年配のフランス人の男性二人と女性一人に、立って見せてほしいといわれ、帯から何からまじめな顔で至近距離で眺められ、そして褒《ほ》めてもらった。私はそれまでフランス人はわがままで高慢ちきだときらいだったのだが、

「なかにはいい人たちもいるなあ」

とちょっと好きになった。

一個目の帯留めが思いのほか、ゴージャスになったので、次はポップなものが欲しいと思い、また相談した。

「宝石じゃなくて半貴石にしてくださいね」

宝石は高いし、半貴石のほうが色が楽しめる。私は楕円《だえん》形のグリーン、ブルー、オレンジ色の石三個と、四角形のアメジストを選んで、これでデザインをしてほしいと頼んだ。しかしできあがってきたデザイン画は、四個の石をただちんまりと組み合わせ、並べただけのつまんないデザインだった。そんなに年配の人がデザインしているわけでもないだろうに、ああいう老舗《しにせ》はどうしても帯留めというと決まったイメージがあるらしく、ポップと言ってもわからないみたいだった。

「きちんと四角じゃなくていいの。どこかが飛び出していたり、へこんでいたり、もっと遊んでほしいんですけど」

担当者はうなずいて、すすーっとデザイン画をしまい、またしばらくして新たなデザイン画ができあがってきた。私はそのなかからひとつを選び、

「とにかく光らないようにして」

と頼んだ。地金がそのままだとどうしても光るので、梨子地《なしじ》仕上げにして表面を荒らして、光らないようにするつもりだという。あとはプロにまかせるしかないので、またできあがるのを楽しみにしていた。何か月かのち、帯留めが上がってきた。見たとたん、思わ

ず笑ってしまった。こんな帯留め、見たことがなかったからである。私の意向は充分汲んでくれて、とてもいい物を作っていただいたと思ったのだが、冷静に、

「はて、この帯留めができる帯があるか」

と考えると、タイに行ったときに買った無地のタイシルクで作った帯には使えそうだが、着物とのバランスを考えると、

「どの着物に合うんだ……」

とちょっとうろたえた。この帯留めをポイントにするコーディネートにするために、手持ちの着物と帯をどう組み合わせるか、今のところ思案中である。

そのほかには銀座の「かなめ屋」で買った帯留め、京都の「てっさい堂」で買った小さい子犬ちゃん、インターネットで買った夏用のガラス、母親が贈ってくれた香木の物など、数はそれほど多くない。今のところ身につけるよりも、取り出してはにやにや笑っているほうが多い。

根付け

基本的に帯まわりにあれこれ付けるのは好きではないのだが、たったひとつだけ、銀座

の「平野屋《ひらの》」で一目惚《ぼ》れしてしまった、象牙《ぞうげ》の子犬ちゃんを持っている。ピンクの肉球としぐさがあまりにかわいらしく、そのとき並べられていた眠り猫をおしのけて、お買い上げとなったのである。表面がつるつるに見えるけれども、じつは毛並みが一本一本彫ってある、細工の細かいものである。作家物だったはずなのだが、お名前は見事に忘れてしまった。

扇子

冬は外出すると、どこに行っても暖房がきいているので、着物を着ていると思いのほか、暑かったりすることがある。夏場はもちろん必需品である。私が持っているのは、ずいぶん昔に買った、京都の古民家を解体した木で骨を作ったというもの。浅草の「荒井文扇堂《あらいぶんせんどう》」で買ったもの。インターネットでみつけた、石丸千里《いしまるちさと》さんのイラストのもの。鳥獣戯画が好きなので、これは男物だったが持っていてうれしいので購入した。花柄が好きではないので、どちらかというと面白系か、シンプル系ばかりである。骨が塗りであったり竹であったりで、雰囲気が違ってくる。年に一度、五月のはじめに、新しく買うのも楽しみのひとつである。

裾回し

だいたい無地、格子、縞《しま》の着物が好きで、男物の反物《たんもの》で着物を仕立てることもある。どうしても地味になるので、いっとき、柄の裾回《すそまわ》しをつけるのに凝った。小紋の染見本から柄を選び、いろいろとつけてみた。しかしそうなるとどうしても帯選びが限られるので、しばらく楽しんだら、また、無地の裾回しに付け替えようかと考えているところだ。

浴衣

夏場、お風呂上がりに浴衣《ゆかた》を着て、

「どうしてこんなに着物ってうまくできているんだろう」

とあらためて驚いた。熱が衿元《えりもと》や袖《そで》や身八《みや》つ口《くち》から逃げていき、お腹の部分はおはしょりで二重、三重になっている。熱を逃がすところは開いていて、冷やしてはいけないところは布地で何重にもなっている。ポリエステルの浴衣だとそうはいかないが、木綿の浴衣をためしに湯上がりに着ると、気持ちのよさが実感できるはずだ。

また若い人のなかには、浴衣を、半衿をつけたりあるいはそのまま、ふだん用の襦袢《じゅばん》として着る人もいるようだ。襦袢として着るために、わざわざ派手な柄を買ったりするらしい。家で洗えるし、ポリエステルと違って、肌触りがいいという。多少、すべりは悪いかもしれないが、若い人もいろいろと考えるものだなあと感心した。

半幅帯

半幅帯《はんはば》は楽である。ちょこちょこっと前で結んで、後ろにまわせばいい。背中のふくらみには多少欠けるけれども、羽織を着れば楽ちんな気分でお出かけもできる。半幅帯で文庫、貝の口、矢の字などが結べれば、浴衣をはじめ、ふだんの着物はクリアしたのも同じだ。図書館に行けば、帯結びの本が置いてあるので、それを見ながら練習するか、しばらく着ないと忘れたりするので、コピーしておけばいいかもしれない。

私がいちばん好きな結び方は、矢の字である。矢の字はちょっとお尻《しり》の部分にたれがかかるので、お尻がむきだしにならない安心感があるし、貝の口と同様にゆるむのが心配だったら、帯締めを使うこともできる。文庫は厚みがあるので椅子などに座ったときにぶつかるけれども、矢の字は厚みがないのでその点、楽なのだ。しかし矢の字は貝の口が結べる長さよりも余計に寸法が必要なので、なかには矢の字が結べない帯もある。これがちょっとつらい。

「この帯で矢の字を結びたいなあ」

と思っても、長さが足りないと無理だからだ。また羽織を作るときは、羽尺《はじゃく》ではなくて着尺《きじゃく》で仕立ててもらうことが多い。柄合わせが必要なものは無理だが、背が低いために用尺が少しですむので、残り布で半幅帯が作れる。だから手持ちの半幅帯は羽織とお揃いの柄も多い。羽織と同じ柄というのは野暮な気がするので合わせては着ないけれど、

「布地を無駄なく使いきった」

という満足感がある。

名古屋帯

普段着だとほとんど袋帯を締めることがないので、名古屋帯が締められたら着物を着るのにもう怖いものはない。最初は帯と格闘しているような気分になってくるが、慣れてくるとあっというまに締められる。それでも私はもっと楽ちんをめざして、反物から作る場

合でも付け帯にしてしまった。で、今はちょっと後悔している。布が足りないとき、または風呂敷や手持ちの布で作るのなら、付け帯はとても便利だが、帯としての長さが充分あるものを付け帯にする必要はなかったかなと思っている。

付け帯にはいろいろな形があるが、お太鼓を結ぶときに、たれを背中まで引き上げるのが面倒なので、前帯と、すでに手も通ったように作られているお太鼓部分に分けられたスタイルのものを使っている。つけるときはお太鼓の中に帯枕をくるんだ帯揚げを通して背負い、帯締めを結ぶだけ。楽ちんなランドセルスタイルなのだが、羽織なしの「帯付き」で着ていると、（お太鼓が下にずれていないかしら）と気になって仕方がないのだ。名古屋帯を結んでいれば、結びめの上にお太鼓が乗っているので、下にずれる心配はないのだが。

用尺も少なくてすむし、慣れない人には付け帯はとても便利なものだ。私もアンティークの布や、アフリカの布などで、安く付け帯を仕立ててもらったことがある。緑色のヘンプ（大麻）の帯は布地代が五千円だったが、締めているうちに表面が大きく毛羽だったようになってきたので、普段用に格下げする必要が出てきた。安いものはそれなりに寿命も短いので、そこのところはよく考えたほうがよいようだ。

羽織

しばらくのあいだ、羽織がマイブームだった。小紋《こもん》の着尺を見たらもちろんのこと、紬《つむぎ》の着尺を見ても、すぐに羽織にできるかと考えていた。どうして羽織に執着したかというと、着物を着て出かけるようになったものの、まだ自信がない。となるとごまかせるものが必要になる。というわけで室内で脱ぐ必要がない羽織に目がいったのである。それまでコートは持っていたが、羽織がなかったということもある。憑《つ》かれたように羽織を作り、今は落ち着いてきている。というのも、当時作った羽織が地味な気がしてきたからだ。前にも書いたように、地味な色ばかりのコーディネートが暗い感じになってきたので、羽織には明るい色でこってりした雰囲気の柄が着たくなって、現在はお休み中である。タンスの中で寝ている羽織は私がおばあちゃんになったときに活躍してくれるだろうから、それまで休んでいてもらうつもりである。

コート

私は道行《みちゆき》コートの四角い衿がきらいで、

「どうしてあんなに野暮ったいんだろう」

と思っていた。それだったら道中着《どうちゆうぎ》という着物の打ち合わせと同じスタイルのコートのほうがいいのではないかと「伊勢丹」でお世話になったFさんに相談すると、

「うーん、柄にもよりますけど、だいたい地味な感じになりますよ」

と言って、仕立て上がりの道中着を羽織らせてくれた。見た感じではそちらのほうがいいと思っていたのに、想像とは違っていた。

「道中着は着物が隠れますけど、道行は衿元に着物が出ますからね。それもあるんじゃないでしょうか」

Fさんの言葉に私は、

「ごもっともです」

と納得して引き下がった。それから何年かたって、道行コートもまたいいものだと思えるようになってきた。展示会で若い娘さん用の、かわいい柄の着尺が目についた。黒地にピンクや緑色で、小さな鳥や音符が散らしてある。これを見たとたん、

「コートにしたい」

と決めて、道行の長めのコートを作ってもらった。本当は衿のふちどりにくる部分には何も柄が出なかったのだが、Ｆさんがピンク色の音符をふちどり布に描いてくれるようにと頼んでくれた。このコートを着ていると私自身も楽しくなる。年齢からいうと、これが着物だったら無理だけれども、コートや羽織だったら楽しめる。これは柄合わせが大変だったようで、半幅帯が作れるほど布は残らなかった。

割烹着

家で着物を着たときに欲しくて、目についたときに買っておく。浅草の「めうがや」では縞《しま》のもの。白い割烹着《かっぽうぎ》はデパートで購入し、丈の長いのはインターネットで買った。私が着ると見事に裾《すそ》まできてしまい、全身が覆われたという感じだ。絶対に汚れないけど、あまり着物を着ている意味がないような気がする。家では飼っているネコが抱きついてきて、甘えて私の胸や腹を揉《も》み揉みして、着物に爪をたててしまう。厚手の木綿の単衣《ひとえ》を着たときは大丈夫だったけれども、これ一枚で年間を通すわけにもいかず、日常着物生活をするには、体を覆うカバーが必要なのである。

草履

足元は装いの要《かなめ》であるが、そうはいっても楽なのがいちばんである。私はふだんヒールのある靴はほとんど履かないので、草履の踵《かかと》が高いものも苦手だ。幅広足なので幅が狭いのも不安定なので、小判型という少し幅があるもののほうが歩きやすい。それからいろいろ試してみたが、いちばん好きなのは畳表の草履である。何となく足裏にあたる感じが好きなのだ。畳の色が濃いのはカラス表《おもて》といわれるらしいが、それは礼装用にはならないけれども、紬にはとても洒落《しゃれ》ている。畳表は鼻緒によって礼装用にもお洒落用にもなるという。

赤坂《あかさか》の「小松屋《こまつ》」のウインドーに出ていた、真田紐《さなだひも》（平たく織った、幅の狭い縞柄の木綿のひも）の鼻緒の畳表の草履が素敵で、二か月悩んだあげく、やっぱり欲しかったので買ってしまった。並幅で長さが十センチの布があれば、オリジナルの鼻緒も作ってもらえるとのことだった。浅草の「合同履物《ごうどうはきもの》」は問屋さんだが、現金支払いで一般の人も買うことができる。店内には履物があふれていて、よーく見ると出物《でもの》がたくさんある。

鼻緒もたくさんあって、台を選んでその場で鼻緒をすげてもらえるので、あれこれ目移りしてしまうばかりだ。

下駄

下駄《げた》も好きなのだが、平地を歩くときはいいけれど、坂道がとても怖い。いちばん怖いのは階段である。草履と違って下駄は軽いし、形はとても好きなのだが、出かけるとなると現代は必ず階段があるので困る。昔は階段なんて延々と上り下りしなかっただろうが、今は地下鉄の駅を利用すると、

「まだ、あるのか」

とうんざりするくらい階段が次から次へと襲ってくる。上りはまだいい。上りがあれば下りがあるわけで、この下りが怖いのだ。下駄を履いて階段の上に立つと、前につんのめりそうな気がして、上から落ちそうになる。よろよろと階段の手すりにつかまって降りるのもみっともないし、かといってすたすたと降りるにはちょっと怖いので、階段のないところを歩くとわかっているときは別だが、外に出るときは右近下駄《うこんげた》（のめり下駄）を履くことにしている。これだと形が草履に近く、底のカーブがなだらかなので、がくっと前につんのめる恐ろしさがない。

先日、久々に足袋《たび》を履いて下駄を履いたら、白足袋に下駄の色がついてしまった。焼き下駄はどうしても色が落ちてしまうらしい。また歩くときにつるつるとすべってしまい、慣れるまでちょっと大変だった。やはり下駄は素足できりっと履くものなのかもしれないが、冷え性の私は足袋なしは無理なので、歩き方を研究する必要があるようだ。

ショール

着物用のショールで、なかなか洒落た感じのはない。パシュミナが大流行して若い女性だったらその一枚くらい持っているだろうから、それで充分だ。私も洋服と兼用している。昔ふうのショールは何だか幅が狭くて心許なく、洋服用のショールのほうが幅がたっぷりあって使いやすい。えいっと着物と帯と小物類を買ったはいいが、コートまで手がまわらないという若い女性は多い。当然である。でもショールがあればそれで充分ではないだろうか。寒いのは外を歩くときだけで、近頃は冬場でも暑いくらいにどこでも暖房がきいているし、昔ほど気にする必要はない。しかし礼装用の場合はやはりコートがないと、寒々しい感じがするので、着物一式の次に購入されることをおすすめする。

モヘアの毛糸を買ってきて、かぎ針編みでショールを編んでみたが、なかなか暖かそうなのができた。子供のころに着物を着ている女の人たちが、寒い時期になるとモヘア毛糸で編んだショールをしていたのを思い出して、とても懐かしい気持ちになった。

バッグ

バッグも礼装用以外は、洋服用と兼用である。礼装用は天禧《てんまち》ボストンという形のもので、物がたっぷり入る。礼装用にも物が入らないと不便なのである。洋装でも、スーツを着たり、コンサバな恰好をする人は、着物の礼装用でも使えるバッグを持っているだろうが、私はそういうバッグを持っていないので、和装用のバッグになった。ずいぶん前に銀座の「大和屋《やまと》」で買ったもので、持ち手が汚れたら白い革に付け替えることもできるという。紬《つむぎ》を着るときは少し前のプラダ、グッチ、フェンディのバッグや籠《かご》が多い。シーズンごとになんか買わず、以前買ったのを後生大事にずっと使っている。フランスものは私には似合わないので持っていない。いちばん出番が多いのが、グッチの若草色のバンブーバッグなのだが、どこを見てもほかの色を見たことがない。私のより大きいものはいくらでも見るが、この大きさがないのだ。母親がイタリアに行ったときも、わざわざ写真とイタリア語で調べた、

「この形でほかの色があったら、みんなください」

と書いた紙を持たせたのに、ミラノにもフィレンツェにも、どこにもなかった。私にとってはいちばんお気に入りのバッグなので、どこかで出会ったら、ぜひ欲しいと願っている。

籠は、上が布で巾着型《きんちゃくがた》になった物も使ったことはあるが、夏場は覆いのない籠に物を入れて、着物に合わせた手拭《てぬぐ》いを、中が見えないように上からかぶせるのが好きだ。手拭いは千円くらいで買えるし、籠本体もアジアの物だったら安い。人の手で布地が縫いつけられるから、値段がはね上がる。布地の柄が変えられない高い籠よりは、安い籠を買って、着物に合わせた布で上を覆うほうが、いろいろ楽しめる。

嫌われないようにすると、
嫌われちゃう。

きものコレクション

夏のおしゃれ着

からむしの着物と、てんとう虫柄の帯。
夏場のおしゃれ着として、
楽しく着られるものが欲しくて買った。
お店で合わせてあったものを
そのまま買ったのだが、
帯は越後上布でかなり高かった。
越後上布の帯を買うとなると、
たいていの人はどんな着物にも
合うようなものを選ぶだろうから、
この帯は私のような変人しか
買わないに違いない。
それをお店の人に見透かされていた
ような気がする。

きものコレクション

裏地に凝る

道行

着物は地味好みだが、
襦袢と裏地は変わったものが
大好きである。
道行や羽織の裏は、
洗い張りに出した機会に
付け替えてもらったりしている。
特に道行は脱ぐと裏が見えるので、
その時に楽しいといいな、
と思っている。

羽織

きものコレクション

越後上布

私の持っている着物の中で、
一番高いものが実はこの越後上布。
お店の人に「越後上布は
織る人が減って、これからますます
手に入らなくなる。価値があるから、
絶対に買っておいて」
と言われ、色も柄も気に入ったので、
これだったらいいか、
と思い切って購入。
すってんてんになったが、
私が買った直後から
上布の値段はどんどん上がっていった。

群ようこのきものでおしゃべり　3

篠田桃紅さん（美術家）

「朝起きてまず引っかける。着物は私の皮膚の一部です」

群　今日はお出ましいただいて、ありがとうございます。いつも着物姿が素敵で、憧《あこが》れのかただったので、本当にうれしくて。

篠田　いいえ、私はだめよ。人のお手本には絶対ならないようになってるんだから。私個人のもので、どうにも人様《ひとさま》への応用がきかないの。

群　先生ご自身が素敵でいらっしゃるから。

篠田　いいえ、本当にね、ひとことで言えば、もうどうでもいいのよ。

群　どうでもよろしいんですか（笑）。なぜですか。

篠田　本当に、ただ毎日一枚引っかけてるという、そういう着方ね。

群　それを積み重ねているとしたら、やっぱり素晴らしいことですよね。私も着物好きですけど、毎日というわけにはいかないので。

篠田　着物は大変ですよね。

群　本当は着たいんですけど、なかなかうまくいかないですね。

篠田　だいたい日本の着物というのは、今の生活には無理になってきていますよ。

群　環境がそうですね。

篠田　考えてみたら、おはしょりというのはね、仮の姿よ。昔は、室内では引きずっていたのよ。はしょるっていうことは、仮の姿よ。

群　便利なようですけれど、「端折る」っていうことですものね。

篠田　毎日はしょってるって、変じゃありません？　もともとの着付けには最初から、腰ひもはなかったのよ。裾《すそ》を引いて、というのが着物の本来の形。それを、こんなふうに（裾を上げて）歩くのよ。

群　ちょっと裾をつまんで。

篠田　ええ、そんなものだったの。浮世絵なんか見ると、裾が何層にも見えるでしょう。腰ひもはきれいなしごき（扱《しごき》。芯《しん》のない薄い帯。華やかな色が多い。また、江戸時代、女性が外出するときに使ったおはしょりをとめるための細帯）で、見えてますからね。非常にフレキシビリティがあるのよ、うんと短くはしょったり、ちょっとはしょったりできるんだから。

群　ひも一本で。

篠田　ひも一本で自由に調節していたわけでしょう。私、その日によって、裾の長さ

群　なんか、しょっちゅう違うの。ちょっと短い日もあれば、引きずるような日もあれば、もうその日その日の風まかせ（笑）。

篠田　ハハハ、恰好いい（笑）。

群　着物っていうのは、それぞれの線があるの。引きずっているときは、引きずっている線があるの。それでちょっとはしょってるときは、はしょってるような線。それでいいと思うの。毎日同じである必要ないの。

篠田　それはそうですね。

群　私なんかうちで生活したり、絵を描いたり、労働しますでしょ。くずれてくることもあるし、はだけたり、もうめちゃくちゃよね。着物は腕やなんかにピタッとくっついているところがないでしょう。

篠田　そうですね。締めないから。

群　それだから、楽なの、制作が。帯以外は全部スカスカなのよ。ですから、うちの中をパパパっと大股《おおまた》で歩くことができるし。洋服よりもむしろ、非常に自由なのよ、私にとって。

篠田　体が中で動くような感じじゃないとだめなんですよね。

群　そうそう、決して窮屈なものとして着てないの。衿《えり》だって片方は出ちゃって。

篠田　私は決してそれを悪いと思わないもの。

群　でも世の中では、そういうのが悪い、というようになっていますよね。きちんと着ていなくちゃいけないとか、しわがあってはいけないとかね。あり得ないですけどね、そんなの。

篠田　そんなことはあり得ない。だから、これは人間の生き方の基本にかかわることで、いわゆるこれがいいといわれている形にしていれば無難ではある。

群　言うとおりにしてるのは、そうですね。

篠田　だけど、着物というものの持っているいろんな陰影、表情がないですね。きちんとしちゃって、なんの表情もない。人っていうものは、お人形じゃないの、生きて、動いているの。着物は人間の従者なの、それに従っているの。だけど、着物はこうあらねばという一つの形に、人間が合わせてるのは？

群　昔の、明治とかの写真を見ると、もうぐずぐずですよね。これで脱げないのかしらって思うくらい。

篠田　衿にね、あごをうずめて物思いしている女の人なんていうのは、ものすごく美しい。ああいう姿が全然ない。だけど、着物はそういう美を含んでいる。あごをうずめて、物思いしている女の人っていませんよ、今。

群　うずめられませんよ、ピチピチで、締まっちゃってて（笑）。

篠田　それからちょっと、袖口《そで》で涙を拭《ふ》くとか、そういう表情が全部滅びて……。

群　本当にひとりひとり着方が違ってましたものね、昔のかたの写真とか拝見すると。おはしょりをたくさん出しているかた、帯を胸高に締めていらっしゃるかた、下半身はゆるめて上をぴったりめとか、その反対のかたとかね。皆さん全然違う着方をしていらして、そのかた、そのかたのスタイルが、いいとか悪いとかじゃなくてありましたね。

篠田　着物は身丈《みたけ》も袖丈も、大体のところは決まっているけれど、着付け次第で融通がきくもの。寒くなったら、なるべく衿を詰めて着るとか、自由さはあるわけなんです。窮屈のようで、自由さがあるわけですね。

群　それなのにまた窮屈に着ちゃってるというのが、現代のあり方ですよね。

篠田　私なんか、毎日着物を着て暮らしていて、こんなに自由なものはないって思いますよ。夕方になってね、ちょっと寒くなったら、衿をちょっと詰めたり、そうすると随分違う。

群　そうですね、風の通り方が。

篠田　暑くなればはだけることもできるし。水撒《ま》きなんかするときは、おはしょりしたでしょう。足を出したりしてね。とってもかいがいしい姿になるんですよ。

群　昔ね、雑巾《ぞうきん》がけをすると、お襦袢《じゅばん》が見えて（笑）。

篠田　惜しいと思うわ。ああいうものを失うのは。

群　先生はおうちでは、半幅帯《はんはば》でお仕事なさっているんですか。

篠田　半幅帯もあるし、もっと短い細いのも。兵児帯《へこ》（芯がなく、体に巻きつけて後ろで蝶《ちょう》結びにするだけの帯）みたいなものを締めるときもあって……。

群　兵児帯だと、楽そうですね。

篠田　兵児帯は楽ですよ。本当に自由でいいと思うのよ。

群　先生の、もうそのままの着方、本当に素敵です。

篠田　私のはもう古いから。着物が皮膚の一部みたいになっちゃってます。

群　ある程度、年月をちゃんとこなしていかないと、無理なんでしょうね。

篠田　何か皮膚の一部よ、着物を一枚着るという気がないのね、引っかけているっていう感じなのよ、朝起きたら。

群　朝起きられてすぐお着物ですか？

篠田　ガウンみたいなのを着ているんですよ、浴衣《ゆかた》で寝ていますから。パジャマは着ないんです。なぜ着物にこだわっているかというと、洋服を着るのがいやだというよりも、金属とか硬いものがいやなんです。

群　合わないんですね。

篠田　ええ、身につけるのが、自分のそばにあるのがいやなの。だから指輪も時計も。

人と同じにしているのが面白くない性格なの（篠田）

群　先生、お若いころからというと失礼ですけど、わりと地味な着物がお好きだったんですか。

篠田　地味とか派手とかにかかわらないのです。私はもう本当に、恐れを知らぬような横着な、そういう性格なの、昔から。

群　そうなんですか（笑）。

篠田　学校でも先生の言うことなんかあまり聞かないような、非常に問題児ね。

群　えっ問題児だったんですか（笑）。

篠田　そうそう。だって勝手なんですから、私は、もともとが。人に迷惑かけちゃいけないとは思ったのね。だけどどうして自分の着るものを、自分に似合わなくても何でも、制服的にしなきゃいけないのかが、わからなかった。自分がいいと思えば、それを貫きたかった。だから先生に叱られたことは幾度もあります。

私が通ってたのは、昔の東京府立女学校ですよ。制服というのはなかったの。ただ紺のサージのセーラー服か、それに準じたものとか、スカートにひだをつけたものとか、そういうもので自由にと。そうすると私は、その範囲で自由であっていいんだなあと思っちゃうのね。だから、ひだなんか、細かいのを作っていいと思うのね。私はそういうふうに思うの。普通はあまりたくさんひだのないのを着ているかたが多いけど、私は細かくしてもいいんじゃないかと。一種の美意識なの、よく言えば。

だけども人と同じにしているっていうことが面白くないっていう性格もあるの。私の性格なのよ、これ。だから母などに頼んで、ちょっと丈を短くしたりね、プリーツを細くしたり。そうすると女の怖い先生がたに「あなた、これは少し目立ちますよ」とか、言われました。

群　先生からは言われるわけですね。べつに悪いことではないですよね、色を変えているわけではないですし。

篠田　目立ちますよって、そういう時代ですからね。先生が人と変わったことはしないほうがいいって言う。私は自分に似合う着物とか、自分が着てみたいと思うものを、どうして着ちゃいけないんだろうって……。そういう考えは、学校出てからにしなさいって言われたの、先生から。

群　学校にいるときは言うことを聞きなさいと(笑)。

篠田　学校というところは、みんななるべく同じようにしているほうがいいもので。あのかただけが素敵だとか、こっちの人がみっともないとか、そういうのでは

群　なくて、平等にしていないといけない。

篠田　平均平等ってことですね。

そうすると個性というものはないのね。そういうの、つまらないなあと思った。学校というのは、目立っちゃいけない。みんなと同じようにして、それが学校だと。ですから、私はときどきそれを破ったから、問題児だと(笑)。「でも先生、私これ似合うと思うから」と言ったことがあるの。

群　そしたら先生、何て言われました?

篠田　すごい目つきして、怖かった。女の先生だった。

群　ええ、あの時代はそうでした。「私に似合うと思うので」と言ったら「なんてこと言うの」って、母が呼び出されるわけ。私はこれはもう母が気の毒だから、「なんてこと言うんでしょう」と。

篠田　これはしょうがないと、思うようになりました。

群　ああそうなんですか。

先生は、書道をずっとおやりになられていて、あとは絵画にもチャレンジなさって、日本というのは、何か新しいものが出てくるとつぶそうという感じがありますか。

篠田　あまり気にしないタチで……。私は私の世界に住んできました。自由な、大きな呼吸のできるところに住もうと、そんなふうに思ってきましたから。私の作るものというのは、あるジャンルの中のものじゃないんです。一つの新しいジャンルを作った。ジャンルというのはないほうがいい、と思っています。ただ私は、こういうものを作りたい、と。

群　それは、お作りになりたいものを作ってらっしゃるということですね。

篠田　そう思ってます。

群　先生は、一九五六年でしたっけ、ニューヨークに行かれて。外国は初めてでいらっしゃったんですか。

篠田　そうです。私は大連《だいれん》で生まれたけれど、二歳で東京に戻ったから、何も覚えていない。ですから、物心ついてからの外国というのは、ニューヨークが、初めてです。

群　そのとき、どんな感じがなさいましたか。

篠田　いちばん感じたのは自由です。枠がないということ。

群　やはりそうですか。

篠田　日本は昔からの枠があり、こちらには枠がない。とくに芸術の世界は。それが非常に魅力でした。

群　当時、日本女性で、ニューヨークで個展なさったの、初めてでいらっしゃいま

篠田　したか。私が初めてではないでしょう。草間《くさま》彌生《やよい》さんなんか、私より早くいらしたようで。当時アメリカに行くというのは大変でした。今泉篤男《いまいずみあつお》さんというかたが、近代美術館の館長でしたのね。今泉さんが、「篠田さん、アメリカに行かれるようになったというのは、これは大変なことだから、できる限り作品を持ってらっしゃい」と言って、ロックフェラーさんへの紹介状をくださったの。当時の日本は、やっと銀座に六、七軒のギャラリーがあるくらいだったけど、ニューヨークには四百あった。「海を渡る墨の芸術」とかね、新聞に出るような時代でした。

群　日本は戦後十年ぐらいですものね。先生、日本よりも外国のほうがいやすかった、心持ちがお楽だったですか。

篠田　でも外国ですから……、楽な面と大変な面と……。

群　日本に戻ってこられて、のちのち外国で暮らしたいとは、考えたことなかったんですか。

篠田　何度も思いました。ただ、私が小さいときからなじみ、自分の仕事としてきた墨は、日本の、東洋の風土のものです。

群　ああ、やはりそういうものですか。

篠田　あちらでしたら、オイルペインティングを描くべきだと思うんです。
群　それは、気候とか湿度ですか。
篠田　風土です。
群　なるほど。
篠田　風土。光線、すべて。私、持っていった着物を、ニューヨークの外の光で見たとき、ええっと思ったことがあります。
群　光の具合でですか。
篠田　ええ、やっぱり違うんですよ。
群　ああ、その国その国の、たとえばスペインあたりだと、パーッとした色だったりとか、白夜の国は色がちょっと違ってたりとか、そういうの、あるんですか。
篠田　いちばんそれを感じたのは﨟纈《ろうけつ》染めの着物。﨟纈染めの染料というのは、ちょっと特殊だったのか、違ったの。
群　鮮やかになるんですか。
篠田　グリーンのようなグレーっぽいような、﨟纈染めだったんですけど、なんか違うわこの色は、と思いました。ずっと明るく見えました。あちらは光線が強いから。
群　着物というのは、日本の湿気とかそういうものにふさわしく作られているんですね。
先生は、華やかなものではなくて、あまり色数も多くない、ちょっと男物のような感じの、織りの着物をお召しになってらっしゃいますよね。先生がすごくこだわって、織らせて作らせているんですか。

篠田　今はあまりないです。ある時期はそういうふうに作ってたこともありますが、もう呉服屋さん任せの面がずいぶんあります。

群　呉服屋さんとの信頼関係がうまくいっていないと、難しいですよね。

篠田　そうなの。もう五十年来だから、よく気がついて……。

気張っている感じに見えたらいやだな、と（群）

群　私と同年代の人で、着物に興味があるかたも、どこのお店で買っていいかわからないというんですね。

篠田　今の若いかたたちは、少女時代からなじんできたものでないから。突如、着物を着てみようというわけでしょう。

群　そうです、目覚めてしまうわけですね（笑）。

篠田　ただ着物を着てみたいという思いだけでしょう。大変ですよ、それは。でも、

群　群さんはお若いのに似合わず、本当にもうこなれていらっしゃるのね。

篠田　そうですか、そう言っていただけると……。

群　自然にそうなられたのですか？

篠田　基本的な着方ですか。うちの母も祖母も、すごく着物が好きだったんです。

群　親しみがもうすでにあって……。お小さいときから。それはとっても大きいわ。

篠田　今はご自分で好みでやってらっしゃる。とっても自主的にやってらっしゃるって感じね。そうお見受けしたの。だいたい織物がお好き？

群　そうなんです。

篠田　織物の着物がお好き。それに合わせて、お衿《えり》だとか、帯だとか、自然の一つの流れができて、きちんとね。一つの「群流《むれりゅう》」というものができているから、大変いいと思います。

群　そうですか。なんか気張っているような感じに見えたらいやだな、というのはあるんです。

篠田　本当にしっくりして、そうね、私などは見ていて非常に楽です。

群　よかった、今日は。うれしいです（笑）。

篠田　お同年配のお友達がみんなうらやましがるでしょう。真似したくてもなかなかできないって言ってらっしゃるでしょう。

群　ちょっと変なものが好きなんですよね。
篠田　変て？
群　これも（帯留めをさして）、なんかちょっと気持ち悪い。
篠田　それは私、今までずっと気がつかなかった。面白いものを使ってらっしゃるのね。
群　なんだか気持ち悪いって言われる（笑）。山珊瑚《やまさんご》というものらしいんです。地殻変動で、海のものが山で見つかるんですね。
篠田　お似合いになるのね、お好きなだけに。見ていて無理がなくて、ご自分の一つの好みをちゃんと通して、違和感をもたせないでやってらっしゃる。それまでにはお時間や年月がかかったんだろうと思ったんですよ。
群　いちばん最初高校生のときに、十日町紬を買ったんですね。藍《あい》色の地に水色の柄だったんですけれど、お金を貯めて買って、ちょこちょこうちで着ていたりしていたんですね。高校生のころから、わりと地味好みだったんです。呉服屋さんに、年が若いということで、地味だ地味だって、ものすごく言われるんですよね。地味だと言われても、私は花柄とか着たくないんですよね。
篠田　決まりみたいなものに、どうして皆さん従わなきゃいけないんでしょう。
群　呉服屋さんが持ってくるのは、可愛いものばっかりなんですよ。私はもういや

篠田　だいやだ、と。お金を払うのは私で、お小遣いを貯めた大事なお金ですから、自分の嫌いなものは買いたくないので、自分の好みをけっこう貫いていたんですが、小紋《こもん》を一枚ぐらいはいかがでしょうかって。改まったお席は紬《つむぎ》は無理だから、と言われて、あっそうかと思って、花柄のを買ったんですね。もう全然だめなんです。見てるぶんには、その着物自体きれいなんですけど、自分が着たいと思わないいんですよ、まったく。もったいないんですよね。結局、自分の好みを通してしまったほうがいいんだと。

なるほどね。ご自分というものがすでにあって、人間が主人でしょう、着物は従者ですよ。自分が身につけるものとして、どういうものを着られるか、着たいか、そこで決める。ご自分の好みを持って、ご自分の着たいものを着る。それをお通しになって、ああいうふうに、自分の個性で着ていいんだ、と皆が認識するようにしてくださいな。

［『きものサロン』二〇〇一年春号・世界文化社刊より］

あとがき

どうして着物が好きなのかなと思うことがある。大股《おおまた》を開いて歩けないし、袖《そで》はぱたぱたするし、手入れも大変だ。正直いって洋服のほうが楽ちんに感じることも多い。しかし着物を着ない人に、

「着物って大変じゃないですか」

と言われると、

「そんなことはないわよ」

とつい答えてしまう。着物をまだ着慣れていないときは、必要な物を準備し、

「よし、着るぞ」

と気合いをいれて着ていた。ワンピースだったら、下着の上にすぽっと着ればおしまいだが、当時の私は着物を着るのにひと苦労。帯を結ぶのに二苦労というような具合で、あまりに集中して着ていたものだから、着終わると椅子に座って呆然《ぼうぜん》としていた。そんなときに尿意を催したりすると、

「何でこんなときに」

とものすごく腹が立った。せっかく着たのに着崩れたらどうするんだと、自分自身に怒るのである。しかし案じているより、腰ひもさえきっちり締めていれば、着崩れないものだとわかった。また万が一そうなったとしても、直し方がわかっていれば問題はない。これにはただ着るしかなかった。自分で訪問着を着たとき、腰ひもの締め方がゆるくて、裾《すそ》すぼまりの逆の「あんどん」状態になったこともあった。着はじめたころはいろいろある。とにかく着物は着るしかない。それで自分が楽な着方を自分で学んでいく。それが洋服と違って楽しい部分でもあるのだ。

着物が好きな人は、どうものめりこんでしまう傾向がある。人それぞれに一家言あり、なかにはそれを他人に押しつける迷惑な人（主に年配のおばさま方）も多い。自分よりも年下の者が値の張る着物を着ていたりすると、嫉妬《しっと》まじりの目で、

「まあ、どういうお仕事していらっしゃるの」

と言われたりすることが、何度もあった。腹の中では余計なお世話だと思いつつ、そんなときは、

「母のを借りてきたんですよ」

で乗り切った。すると相手はほっとした顔で納得する。万一、彼女たちが考えているようなお仕事をしているような女性でも、着ていて素敵だったら褒《ほ》めてあげられるような人になりたいものだ。洋服と違ってどうも着物は女性の嫉妬を駆り立てるらしい。若い人が

まーく立ち回ることが必要かもしれない。

その点、古着を着ているといえば、はた迷惑なおばさまたちの攻撃にはさらされないかもしれない。ただある本を見たとき、ちょっと首をかしげた。若い女性が買った古着の着物の写真が載っていたのだが、明らかに身頃の柄付けが逆になっている。それで、仕立間違いの商品も古着店に流れるのだと知ったのだが、買った人がはたしてそれを知っているかどうかが問題なのだ。身頃の柄付けが逆になっているのを知って納得して買ったのか、それとも何も知らずに買ったのか。知識があれば見ればわかるけれども、そうでない人にはわかりにくい。若い人には古着店が人気だけれども、お店の人が正直にきちんと説明をしてあげていると思いたい。

着物には着ていく場に合わせた装い方、季節にふさわしい柄や装いなど、約束事も多い。トラブルがあったとはいえ、私は呉服店の人々からいろいろなことを教えてもらった。着物を着るにはそれなりの勉強も必要になる。手軽だからといって古着を買い、基本的な約束事も知らずに着てしまうのは、いくらふだんに楽しんで着るからといっても、どうかなと思う。知っていて着ているのと、知らないで着ているのとでは、雲泥の差がある。古着店は昔の呉服店のような立場になりつつあるのだから、若い人に着物の知識を伝えてあげて欲しいと願っている。

着物を着たときには、親切でアドバイスしてくれる人と、そうではない人を見極めて、うでも約束事が多いからといって、窮屈にはなりたくない。自分で楽しんで着るのならもっと自由でいい。以前、ワダエミさんが着物を着ていらして、帯をぐるぐると体に巻き付けたまま、端をそのまま挟み込んでいるのを、テレビや雑誌で拝見した。背中にお太鼓も結び目もないのだが、すっきりしていて素敵だった。私も真似をして家の中で浴衣《ゆかた》を着ているときは、半幅帯《はんはば》や細帯を、結ばないで端っこを挟み込んだりしている。とっても楽ではあるが、外に出るには自信がない。あれはワダエミさんだからこそ似合う着方なのだ。着物はその人なりの着方が洋服よりも顕著に表われるので、それがまた見ていて楽しい。

十代からちょこちょこと着物を買い、五十代を前にした私の着物生活の理想は、本文にも書いたが、昭和のおかあさんである。これからのお手本は、長谷川町子《はせがわまちこ》描くところの「エプロンおばさん」。そして歳をとったら「いじわるばあさん」というのが理想である。衿《えり》に手拭《てぬぐ》いはかぶせないまでも、あれに近い姿になりたい。家の中とご近所には木綿の着物に半幅帯。ちょっと出かけるときは名古屋帯。私はやっぱり洋服を着ているよりも、着物を着ているほうが気持ちがいい。これが着物が好きないちばんの理由だ。これからは着物を着る回数が、洋服よりも多くなっていきそうだ。でも、その時その時の流行の空気感だけは感じとっていたい。そうでないと何だか野暮ったく古くさーい着物姿になってしまう。私は着物は好きだが、のめりこみたくはない。たかが着る物ではないかと思っている。着物は人生のすべてではない。だけど着物があるおかげで楽しく、心安らかに過ごせることも事実だ。生まれてみたら、着物という衣類があった日本だった偶然を、私はとても感謝したい気持ちになっている。